意義思考的力量

當創意思考行不通，
讓意義思考解決難題

解決溝通障礙╳發展有效策略╳預測未來趨勢

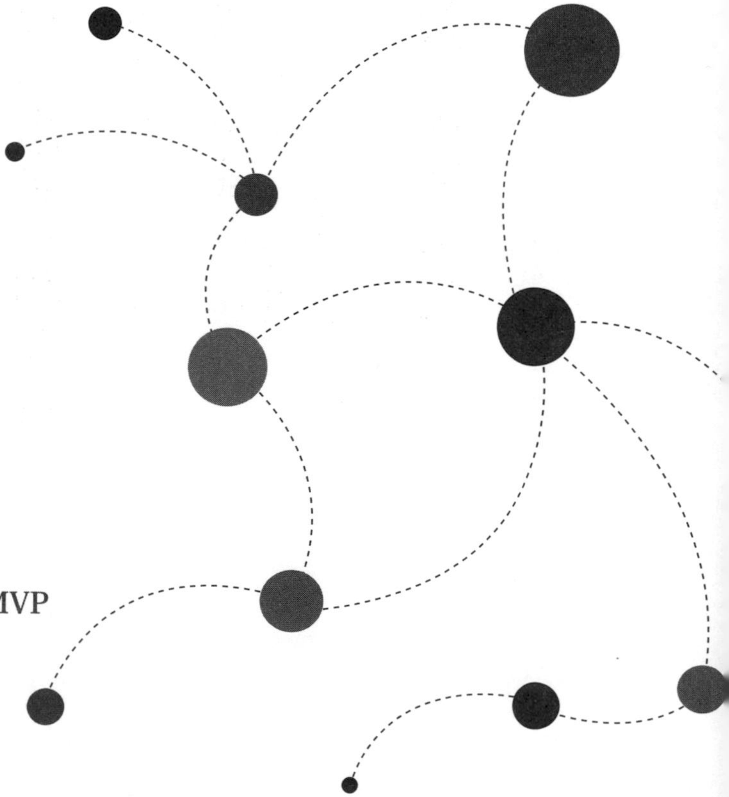

微軟POWEPOINT MVP
簡報企管講師
韓明文——著

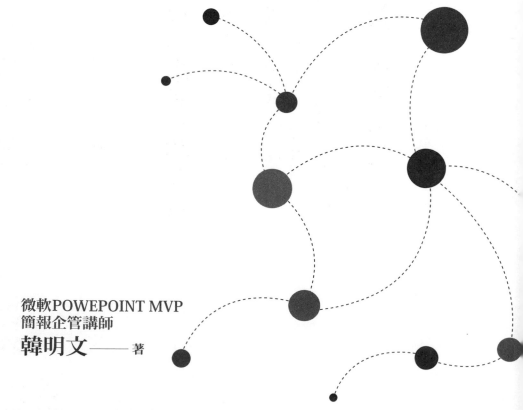

CONTENTS

第3章

想法的建構模式

蒐集資訊只能豐富內容，整理想法只能讓人理解，唯有進行「意義思考」，讓所有元素在一個「獨特觀點」之下展開，才能產生說服力與進行有效溝通。

CONTENTS

第6章 「意義思考」的判斷原則

關於「意義思考」的解答，
不是在「正確」或「錯誤」之間做出選擇，
而是在「好」與「不好」之間做出判斷。

第7章 「意義思考」對簡報技巧的影響

簡報者花時間進行「意義思考」，
除了對於前期構思有所幫助，
對於接下來的上台表達、簡報製作、口語練習，
以及異議處理等流程，都能提供莫大助益。

CONTENTS

前言
從基本找尋力量

我一直相信：思考最基本的問題，將得到最有力量的答案！

我想你一定聽過「創意思考」或是「邏輯思考」的觀念與技巧。但是，我想你應該沒有聽過關於「意義思考」。而我相信，如果你能經由本書，學習到一些「意義思考」的相關知識與能力，它將成為你這輩子最有力量的武器！

故事是這樣開始的。一九九七年夏天，我結束了位於科學園區的工作，從新竹來到台北，趁著自己年紀尚輕，還有本錢任性的時候，應徵心目中的夢想工作：廣告公司文案。

因為工作背景太過懸殊，一下子從遵循ＳＯＰ的科技產業，跳到追求無框創意的廣告公司。創意總監在難以確認我是否能夠勝任文案工作的情形下，出了三個問題進行筆試測驗。而回答這三個問題，卻意外地展開我之後長達二十年的「意義思考」之旅，以及本書的誕生。

創意總監面試時，在便條紙上寫的三個題目是：你是什麼？美麗是什麼？快樂是什麼？

在廣告公司工作的那段期間，我逐漸體會到：「好的創意最終將等同於策略」，也就是要達到「既合理邏輯且出人意料」的境界。策略，不只是教科書所提及的合縱連橫，或是水平、垂直等經濟模式。策略，是經由不斷思考想法本質與「意義」的過程中，所發現的那個深刻洞察。

那年，我在廣告公司的日子裡，其實沒有學到太多東西，但同時也學到了很多東西。其中，我學到一件最重要的生存技巧就是「意義思考」能力，而它是學校教育從來不教、不理，甚至從來不曾提及的大事情。「意義思考」是我個人覺得，在所有人類的思考活動中，「應注意而未注意」的一項最重要能力。

這是一本關於溝通方面的書籍，也討論如何進行有效創新，有些內容也與行銷策略相關。雖然面向廣泛，但是本質上就是探討如何進行思考。畢竟，思考才是誕生一切事物的源頭。「意義思考」是建構任何想法時的必備工具，它也是人類大腦中，極上層的思維能力。

當然，本書不是拿來保健養生之用。閱讀本書，你將能獲得以下實質利益：

- 溝通時切中核心，消除無效內容，將想法化繁為簡。
- 讓別人完全聽懂你的想法，並且直接命中要點。
- 進行內外部提案時，發展出有效的提案策略。
- 創業時，預測新想法的可行性。
- 讓想法更具有說服力，並且能進一步收服人心。
- 進行破壞式創新，不再按牌理出牌，甚至顛覆既有的產業模式。
- 提升工作效率，減少規劃時繞遠路，或是整個砍掉重練的機會。

「意義思考」好處真的太多，只有你閱讀後才能親身體會。我相信，對大多數人而言，「意義思考」是一片未曾探索過的大海，而一旦擁有這個能力，你的世界就會因此變得遼闊起來！

以下，您即將閱讀的內容，出自於我十餘年期間，於企業內訓執行上百場「意義思考」工作坊時，淬鍊而出的知識想法與實務案例。如果這些經驗值能讓讀者在忙於工作與滑動手機的空檔中，重拾曾經體驗過的閱讀樂趣與幸福感，這將是身為作者最開心的事！

從此刻開始，讓我們一窺「意義思考」的內涵。不只是溝通；它是任何規劃活動裡的秘密花園，也是我一生中，至今學習到關於規劃程序中，最重要的事情。讓我們一起探索「意義思考」，一種探究事物本質想法的無窮威力！

第1章

「意義思考」的意義

「意義思考」是創造力、邏輯力之外的「第三種思維」。
一切事物的前期規劃都需要使用這種能力
才能與眾不同。

什麼是你的「起手式」？

想讓自己成為更好的規劃者嗎？那要先看看，你規劃時都在忙些什麼？

試想以下場景。某次，當你轉換工作跑道後，準備到新公司報到。主管事前通知你，需要在下星期的部門例會中，進行五分鐘新人自我介紹。而你打算在某個周末午後，構思上台時要說明的內容。

此時，你打算進行的第一個動作是什麼？是閉上眼睛開始迴光返照，回憶起過往人生的點點滴滴，接著拿出紙筆，記錄下自己覺得值得一說的特殊經歷？還是打開簡報軟體，隨興敲下一些想法，先將投影片塞好塞滿之後，再進行後續想法整理？

本書告訴你，不論採取隨興記錄想法，或是直接打開PowerPoint，上述兩種作法都是建構想法時的錯誤方式。「意義思考」的觀念認為：你首先應該做的事情，就是放下紙筆、闔上筆電，認真思考一個本質性的問題：「我，究竟是一個怎麼樣的人？」

「基本功」能帶來好下場。愈基本的東西往往愈重要，但是人們總是習慣忽略基本。「意義思考」如同空氣般地普遍存在，但是大多時候你卻完全感覺不到。與「意義思考」與概念相關或類似的同義詞包括：想法主軸、本質思考、溯因思考、核心概念、一句話、提案策略、定義能力、The Vague Idea.、Core Concept等。然而「意義思考」的「意義」是什麼？

如果以最簡單的文字表達：「意義思考」是一概而論的能力。它強調規劃一切事物，必須要「回到想法原點」，進行本質性的探索，之後再向下展開一切，「讓所有內容之間，具有想法關聯性」的思考能力。

「意義思考」的關鍵字

根據上述定義，說明「意義思考」的重點關鍵字如下：

關鍵字一，回到想法原點

「意義思考」不是依據市場主流趨勢、專家看法，或是世俗定見來發展內容，而是憑藉自己對於事物、想法、服務、產品的本質性，進行源頭式的獨立思考。「意義思考」是一種從頭想起的能力，願意把自己放在很低的位置，去問一些基本問題。經過這個思考過程，讓事情本質能夠變得清楚明瞭的能力。

關鍵字二，讓所有內容之間，具有想法關聯性

「意義思考」強調，溝通者不僅要找出想法之間的分類關係，更要為所有內容建立起：整體、垂直、水平等三種邏輯性，才算構成一個完整體系。「分類概念」僅著重於上下階層的母子關係，而「意義思考」除了考量整個家庭的連結之外，也要顧及橫向聯繫的手足之情。

系統大於局部的總和，整體比起集體數量更為重要。「意義思考」是綜觀全局的能力，它是一種能以整體看待局部總和的智慧。「意義思考」強調「一念之間」，它是將所有大大小小的細節，收攝於一種因果關係的技巧。簡單來說，「意義思

考」就是經由穿透事物本質，再將所有構成元素進行「一體成形」的思考能力。

真槍實彈勝過文字打轉

「意義思考」強調溝通者必須找出一句穿透本質的話，去涵蓋所有內容，以期完成一趟有效的溝通之旅。但是，它並不是文案能力，也不是下標、找出Slogan，或是行銷話術。「意義思考」不是想法完成後的修辭學或是包裝語彙，它是回到想法原點進行徹底思考，讓一切內容不再只是所有元素的總和。

文案能力是向外附加的點綴技巧，如同加油添醋般的化妝術，它經常利用框架技法，選擇站在對自己有利的角度看事情，或是以換句話說的方式產生說服力。文案是想法成形之後，所進行的拉皮動作或是漂亮收尾；「意義思考」則是向內發現的過程，如同穿破厚石般找出鑽石的能力。

「意義思考」在構思想法之前，文案力在構思想法之後。以銷售商品為例，文案力是先決定要販售瓶裝水之後，再利用優美詞彙強調水質如何清新透涼或是口味甘甜。而「意義思考」認為，所有市售瓶裝水在「本質」上其實差異不大，與其同中求異、追求文字包裝，倒不如在選擇銷售商品時先思考：這個商品值得開發嗎？瓶裝水代表的「意義」是什麼？為什麼要喝瓶裝水？

「意義思考」不是在字裡行間中打轉，也不是玩些文字遊戲。「意義思考」追求的是真槍實彈，目的在於找出想法之中，他人所未曾發現過的真實內涵。

人們表達想法時，經常覺得自己辭不達意，或是感覺言語中好像少了什麼，但是又很難具體言之。如果我們能發現事物本質，並且明確說出其中代表的「意義」就會發現：原來，這才是自己內心一直在找尋的真實想法。

思考更勝於表達，因為口才是思考的延續，而非嘴巴的作用。如果，你懂得「意義思考」，溝通就能輕易切中重點。此時，你將發現說服力並不是「能把死的講成活」的能力，而是只要能把話講得更正確，就能更有說服力！

擁有「意義思考」能力的多重好處

為什麼你要培養本質思考能力？甚至讓它成為一輩子的追求？因為，所有的問題，幾乎都是人的問題，而人的問題，幾乎都是溝通的問題。「意義思考」能把紛雜混亂的內容，轉變成清淨整齊的組合。讓兩個不同大腦的溝通，從原本的曲折離奇變成直來直往。擁有這種想法變現的能力，才能讓別人知道你腦袋裡的黑盒子，到底在想些什麼。

「意義思考」是一種整理想法的技術，也是一種掌握重點的能力。它是讓別人聽懂你想法的關鍵。如果擁有這種能力，你可以獲得以下好處：

好處一，化繁為簡

不論任何形式的溝通，都有一個共同目標：即尋求以最少內容達成最大效果。如果表達者提供過多資料，就會導致內容無法消化，最後讓人思考停滯、無法決策。過度詳細將導致一頭霧水。複雜是所有溝通場合中，最普遍存在的問題。

複雜，其實不難，它比簡單更為簡單。複雜只需要以時間去累積素材，而簡單，卻需要更多時間去穿透本質。複雜，只有單純的想法發散過程，但是簡單，則需要經歷先發散、後收斂，這兩道程序。

一切溝通的複雜感，來自於以下兩個原因：一、衍生性的複雜，二、數量上的複雜。在很多人的思維裡，認為複雜就意味著用心，而用心就意味著有前途。衍生性的複雜屬於見解錯誤的問題，規劃者認為複雜才代表有在做事。數量上的複雜，來自於讓觀眾同時看到太多細節，卻看不見「部分」與「整體」之間的連結關係。所以，面對紛至沓來的想法時，就必須利用「意義思考」作為化繁為簡的工具，以同時解決上述兩個溝通難題。

成功的溝通來自於正確的捨棄。變少，才能變得更好。如何才能簡化事物，做到見好就收、該放就放？如何讓訊息能更有效率地進入他人的腦海？要讓訊息從「厚重冗長」轉換為「輕薄短小」，依據捨棄內容的判斷標準，可區分為：低階簡化與高階簡化兩種作法：

低階簡化法是依據個人喜好及主觀感受作為刪除基準。只要自己覺得看不順眼，或是認為內容對於溝通助益不大，就直接逕行刪除。低階簡化帶著隨機、憑感覺的成分進行化繁為簡，這也是多數人採取的簡化法。

高階簡化法是依據事情的「意義思考」作為刪除基準。強調溝通者必須先穿透事情的「本質」，再以「想法意義性」作為劃分資料取捨的界線，再將與「意義」相關的部分保留下來，無法導致內容行雲流水的部分予以刪除。高階簡化法帶著「視野高度」化繁為簡。它利用「意義思考」進行想法抽象化，為所有內容找出一個共同概念。

低階簡化法採取「隨機」、「隨性」、「隨緣」的方式刪除多餘元素。以這種作法進行簡化，會讓內容變得膚淺，而且內容之間的組合，不會因為數量減少而變得更有組織性。相反的，這種作法會讓原本想法變成更加支離破碎，處於一種「精神分裂」狀態。至於高階簡化法則利用「意義思考」找出相關內容，再去除與「意義」不相關的雜枝雜葉。採取這種作法，當內容數量減少之後，得到的將是一個更完整的全體。

夾山禪師曾言：「龍銜海珠，游魚不顧。」化繁為簡就是把少數重點抓住，其他部分不必分神。「意義思考」是溝通者首先要掌握那顆海珠，它為一切想法建立刪除界線。當事物的「意義」產生時，就決定了你要說些什麼，而一旦決定了要說些什麼，也就決定了不說些什麼。

簡化不是直接刪除多餘元素，而是先劃分「相關」與「不相關」的界線。以「意義思考」建立想法的停損點，接著再區分出「主見」與「邊見」，才能為無關的內容建立退場機制。

想要簡化事物，就要刪除無效元素，想要刪除無效元素，就要先組織內容。當複雜事件經過組織程序，再將與主軸不相關的部分剔除，這就是所有事物化繁為簡的普遍性法則。

好處二，彈性溝通

任何形式的溝通，都必須突破兩個共同難題：一、時間長度限制，二、掌握多元目標對象各自不同的溝通需求。如何依據外在環境變化，讓溝通時間與溝通對象變得更有彈性？如果你能掌握「意義思考」這個工具，就能同時解決以上兩個問題。

難題一，突破時間限制

在商業環境中，只有少數場合能夠不受時間因素限制，大多數的溝通必須考量時間成本。表達者要能突破時間限制，並不是讓溝通控制在固定時間內完成，而是要讓時間能夠依據現場狀況進行彈性調整。也就是說，有效溝通最好採取「可長可短」的有機模式。

本書後續章節將探討「意義思考」採取的「趨近模式」，能讓表達者突破時間限制，讓溝通變得更有彈性。同樣一件事情、同樣的主軸方向，溝通者能講三十分鐘、三小時，甚至三天三夜。

難題二，突破目標對象限制

在職場活動中，只有特定場合針對目標對象溝通。除此之外，大部分的溝通受眾，可能同時包括：高階主管、技術人員，甚至普羅大眾。同樣一件事情，面對不同知識背景，以及需求迥異的對象溝通時，如何才能做到彼此兼顧呢？在這種高難度的溝通情境，如果你能為想法找出一個好的「意義性」，將是超越知識門檻與不同需求的最佳作法。

好處三，抓出重點與全面理解

上台簡報時，你是否覺得自己明明講得條理分明，別人卻老是聽不到重點？是不是認為自己該講的重點都講到了，別人卻依然聽得一頭霧水？溝通大部分是「訊息發送端」的問題。自我理解不是溝通，能讓別人聽懂才算是有效表達。如何讓別人更懂你？讓自己的說法不致於走偏？

在職場溝通中，所有表達者都會被高階主管在會議中不斷提醒：「講重點！麻煩請你講重點！」雖然每個人都知道要「講重點」，但是大家仍然無法「講重點」。因為，沒有人知道如何才能「講重點」。整份報告中，到底哪些部分才算是「重點」？本書明確指出：所謂的「講重點」，就是表達者的「意義思考」能力。

有效溝通不在於數量、時間的多寡，只要掌握其中最重要的一個概念，就足以讓想法變得透明可見，這個最重要的概念即為「意義思考」。溝通者如果少了這個部分，直接進入了細節之中，就會因為缺乏「整體敘述邏輯」而無法直入人心。

擁有「意義思考」能力，無法保證你提案時百戰百勝，但是至少能讓他人聽懂你的想法，避免到頭來才發現原來是誤會一場。不論想法簡單或複雜，讓他人聽得懂、聽得進去，永遠是溝通的第一步。表達者如果想達到「全面理解」的境界，就必須具備兩個重要條件：

第一，建立想法之間的關聯性

表達想法時，如果你的觀點不斷搖擺，或是盡提供一些支離破碎的訊息，就會成為溝通的最大障礙。有效溝通來自於讓目標對象同時理解事情的「整體關係」以及「個別位置」，唯有做好想法垂直及水平方向的聯繫關係，才能避免他人在內容與內容之間分散了注意力。

一場成功的溝通，不是同時凸顯無數個單點，而是要把很多的單點融合為一個集體，讓無數的點能形成單一的共同焦點。精準有效的溝通強調「團隊精神」，「意義思考」的功效就是找出一個「核心概念」，再把所有細節打成一遍。達成這種標準的規劃內容，除了易於理解，也有助於想法的事後回憶。只是在溝通實務中，能找出合格「意義」的表達者，實在少之又少。

第二，「打包帶走」的能力

只有少數決策是在溝通現場完成，更多的決策需要考慮時間差問題。簡報後，提案者得到的答案經常不是同意或反對，而是需要多點時間進行思考。因此，有效溝通除了現場即時的說明技巧，也要具備能讓想法「打包帶走」的能力。因為，只有少數決策發生在此時此刻，更多決策發生在明天過後。

除了無法立即決策的因素，許多場合的說服是經由二手傳播來完成。例如，你的簡報對象可能只是暫時性的對話窗口，而非擁有實質決定權的藏鏡人。遇到這種需要「代理人」進行溝通時，如何協助窗口正確轉述想法，以避免你的原意招致曲解，關鍵在於你能否為想法找出一個好的「意義」，讓所有溝通細節成為一個環環相扣的互聯網。

要讓自己的提案具有「原汁原味」的重現能力，重點在於想法之間具有正確的排列組合關係。「意義思考」解決的不僅是內容問題，也包括處理內容之間的「相容性」問題。在一個有效的溝通裡，沒有任何一個內容是單獨存在的，一切都必須有個東西貫穿其中。

好處四，產生說服力

真正擁有說服力的簡報者向來只占少數，多數人的口語處於「無重力狀態」。有太多的工作者「上台不知所云、下台無法回憶」。溝通缺乏說服力的問題，不是單靠台下練習與加強台風就能解決。畢竟，有效溝通不是要說出你的個人風采，而是要講出想法內涵。再多的練習與努力，只能確保口語的流暢性，但是永遠無法彌補台上台下，兩個腦袋之間的「思考落差」。

【練習一下】

下列三個關於「高鐵」是什麼的答案中，你覺得哪種說法最具有說服力？為什麼？請針對「高鐵」是什麼進行「意義思考」，並請依照你所感受到的說服力高低，將下列幾種說法進行說服力排序。

說法一：高鐵創造了台灣的一日生活圈。

說法二：高鐵是一般鐵路的三倍快。

說法三：高鐵縮短了城鄉之間的差距。

上述這些說法中，多數讀者會選擇第一種說法最具有說服力，第三種說法其次，而第二種說法最不具有說服力，說服力的排列依序為：說法一優於說法三優於說法二。為什麼？因為第一種說法較接近本書所傳遞的概念：「意義思考」，一種深入事物「核心概念」的能力。第二種說法，因為過於接近事情的表相，所以無法傳遞出說服力道。

擁有「意義思考」能力，能讓你講得更正確的同時，也能更具有說服力。當人們的溝通離開了表面現象，深入事情核心時，會因為展現出思考深度，而讓說服力自然湧現。

好處五，提升異議處理能力

觀賞好萊塢電影時，我們經常看到男主角提出一個好想法後，獲得全場認同並且起立鼓掌。但是，電影中的場景真的就只會出現在電影裡。簡報後，隨之而來的火力四射加上炮火猛攻，經常才是你的現實人生。要如何解決簡報後所面臨的質疑與提問呢？

解決意見分歧的最佳作法，不是靠機智反應與應答技巧，最好以「看事情的高度」去超越一切紛爭。溝通者如果讓瑣碎小事淪為討論重點時，就會陷入永無止境的議論中，最後導致「讓一個好想法，死在無數細節裡」的窘境。

「意義思考」能讓你的想法具有視野性。想要成功說服他人，不必交給命運決定，也不必憑藉主管心情。多去思考想法的本質性，只要讓想法本身的「意義」正確了，龐大的回應力將隨之而來。

好處六，提升規劃效率

內隱規劃勝過外顯忙碌。人們經常為了目的而忙，忙到最後卻忘了目的。沒有想清楚就快速行動，就會因為缺乏航向感而四處流浪。如果我們不知道內容要放些什麼，最後只能選擇全部放上去。規劃思考的目的，就是為了要提升效率而暫緩行動。

「意義思考」如同電影《讓子彈飛》的經典台詞：「先動腦、後動手。」想清楚之後再下手，能避免因為思考不周，而導致想法進入後期時的大翻盤，甚至整個砍掉重練。凡事只要多想一點，就能減少重新啟動與折返跑的機率。

忙碌與成功之間沒有必然關係，但是規劃與成功之間卻具有高度關聯性。亞伯拉罕·林肯曾說：「如果我有八個小時砍一棵樹，我會用六個小時把斧頭磨利。」事情沒有妥善規劃，永遠會是第一個問題。所以「意義思考者」相信：「花時間投資在想法的規劃上，遠比投資在行動上更有報酬率。」

好處七，進行策略思考

不論創投提案、新產品開發，或是擬定市場行銷策略，你如何確認想法具有可行性？並且提前預測出新商品推出後，能夠獲得市場認同？也就是說，你能預測新構想具有足夠的可行性、策略性與市場性嗎？還是你認為，未來只專屬於神的領域，人們所能做的就是「盡人事、聽天命」？

先讓我們來看看一般人如何產生新想法？多數提案者採取觀察競爭對手作為、進行市場調查、閱讀研究機構報告、上網Google，或是參考市場風向球之後，再綜合整理出自己的觀點。這種同中求異的作法，只是歸納他人觀點而非進行獨立思考，因此，難以產生「破壞式創新」。這種「環顧四周」的作法，主要以動眼、動手為主，沒用到什麼大腦，沒有自己的專屬洞察，因此，不符合「意義思考」的精神。

從小到大，我們被灌輸的觀念是「競爭心態」，而非「差異心態」。我們習慣注意別人的一舉一動，而非進行獨立思考，我們勤練自己的眼球，疏於折磨自己的腦袋。學校教育告訴我們如何找出唯一的標準答案，而非進行探索式、沒有標準答案的「意義思考」。這個世界普遍的價值觀認為：看著別人的成功模式再加以快速優化，才是邁向成功之路的安全保證。但是，打安全牌其實最不安全，能夠進行有效創新才能永保安康。

別為了「速度」，失去了「高度」

想要擁有更好的結果，你必須學習先讓自己停下來。凡事加手刀、快步走，沒想清楚就積極行動，通常不會有好下場。許多時候，讓自己暫停一下，用多一點的腦內活動取代實際行動。

規劃者千萬別為了「速度」，失去了「高度」。如果你願意多花一點時間，去思考「本質性」問題，就能讓之後一切的努力，在正確的方向上發揮效益。

同一概念的不同解答

首先讓我們來練習一下：請思考員工的「意義」是什麼？如果你是職場工作

者，請思考公司如何看待員工？如果你是領導者，請思考員工對於公司而言，所代表的「意義」是什麼？

不論針對員工或是企業經營者，「意義思考」都是一種大眾化、生活化的能力。它是企業領導者的必修課程，也是所有員工必備的職場力。對於高階主管們，不論經營方針、發展方向，甚至勞資關係，都需要進行「意義思考」。這種思考能力既是領導者的雄謀大略，也代表一種處世哲學。例如：一位經營者對於「員工」兩個字所進行的「意義思考」，就會牽動後續許多的管理作為。

「員工」所代表的「意義」是什麼？「員工」可以是公司最重要的無形資產，也可以是為公司創造收益的生財工具。百年前，汽車大王亨利·福特曾經說過一句名言：「勞工只要帶雙手來為我工作，不需要帶著大腦。」而他所認為「員工」的意義又是什麼？

針對同一個概念，所產生的「意義思考」解答可能南轅北轍。換個場景，如果你負責營運一家主題樂園，對於維護環境整齊的工作人員（甚至任何可能出現在遊客面前的工作者），你會如何「定義」他們？你如何稱呼這些員工？是清潔工？還是環保人員？在一個時時刻刻需要帶給遊客們歡樂氣氛的場域裡，你要怎麼做，才能激發他們長時間且自發性的工作熱情呢？

你看過迪士尼樂園的清潔人員嗎？他們跟你在其他地方所看到的工作人員是不是不太一樣，甚至更多才多藝呢？如果你要跟朋友們轉述，在那裡所感受到的服務體驗，對於這些清潔人員，你可以用最精簡的文字，進行最準確的描述嗎？

當然，你可以用上一個小時的時間，採取漫談方式說明迪士尼清潔人員具有的十八般武藝、充滿藝術表演天分、人員態度訓練良好，以及面對成千上萬湧入的遊客，仍能永遠保持微笑並且真心服務等，你可以有講不完的感受。但是，當你採取這種充分敘述法，內心可能會產生一股遺憾感，似乎在這多麼的形容、舉例之外，好像少講了某個部分。你覺得自己似乎沒有講到關於這一切的「重點」。

濃縮出真正的重點

如果你懂得「意義思考」就會理解：在這麼多的語言文字、體驗感受之外，只要濃縮成「演員」兩個字，就足以形容一切事情。在「意義思考」的概念中，溝通者只要清楚說明：迪士尼樂園的「清潔人員」，不只是「清潔人員」，而是「演員」，你就講到這整件事情的「重點」。如果你的溝通過程沒有提及這個概念，那麼即使講了再多，充其量也只是趣聞、案例與所見所聞的聚集組合，這樣的溝通會呈現出結構鬆散的無政府狀態。

對於迪士尼樂園認為：「清潔人員」不只是「清潔人員」，甚至所有工作人員都是「演員」的說法，你覺得有說服力嗎？在這種說法之下，是否更容易塑造出領導理論中所強調的願景，以及服務業所要求要發自於內心的服務態度？甚至你是否覺得：「演員」這種說法，在「意義」上，比起清潔人員，更接近於真實的工作情況？

請注意！「意義思考」不是換個名詞稱呼，或是重新進行職務包裝，是對這個工作進行「重新定義」。在這個詞彙中，清楚界定了公司與員工的相處模式。它除了展現公司對於員工的尊重態度，也能為職員帶來更多的榮耀感。我們甚至可以預期，在「演員」的定義下，這家企業應該有著較低的離職率與更和諧的勞資關係。

「演員」這個概念，不僅提供了員工每天工作的行為準則，也提供遇到突發狀況時，不在SOP手冊（Standard Operating Procedures，標準作業程序）中的緊急應變之道。因為，「演員」這兩個字，清楚界定了員工與旅客互動間的一切舉動，它將如同指北針般地牢記於員工心中，這比起任何形式的會議宣導、口頭提醒，甚至於教育訓練都來得更有力量。

除此之外，這個「定義」也提供同仁工作上的創意想像空間，它開啟這份工作打掃之外的無數可能性。因此你會看到，迪士尼清潔人員的隨地作畫，經常帶給旅客們意想不到的驚喜體驗。在「演員」的概念之下，代表著整個樂園都是舞台，而他們呈現在遊客面前的每個動作，都可以成為表演的一部分。

「演員」，充其量只是兩個字，卻有利於創造出共好雙贏的勞資關係，也能進行化繁為簡，讓後續大大小小的細節進行無限展開。這就是當你能夠回歸想法源頭進行「意義思考」時，之後所產生的爆發力。所以，善於這種思考的工作者，能夠利用它作為開啟一切美好事物的開端。

現在換你了。如果你是公司老闆，請進行「意義思考」，試著為：員工是什麼下「定義」。如果你是職場工作者，請進行「意義思考」，試著為自己公司所認為的員工是什麼下「定義」。探索這個問題時，請試著找出專屬於自己的聲音，提出一個前人未曾有過的答案。

在「痛點」之外的「甜蜜點」

台灣是舉世聞名的科技島，我們擅長「解決問題」，卻不擅長「定義問題」。我們的強項是「Cost Down」，但卻不是「Value Up」。科技公司經常忘了，除了要消除他人的「痛點」之外，客戶們更需要能夠創造價值的「甜蜜點」。問題分析與解決的能力，著眼於消除眼前的燃眉之急，但是對於未來，無法產生美麗新世界的想像。簡單來說，我們擅長於「解決」，卻經常忘了「機會」！在風險管理之中，我們選擇了「避險」，而不是「探險」！

讓我們先將視線從解決眼前的問題中抽離，跳脫出來看看想法本身的「意義」。思考一下，為什麼賈伯斯（Steve Jobs）開發新產品時，從來不進行市場分析與消費者需求調查？因為，在這位創新大師的觀念裡，未來的商機不存在於現在的經驗之中。進行再完備的市場調查，也探究不出「意義思考」所創造的未來。

市場調查與消費者使用分析，只適用於目前已存在的商品，或是解決目前已知的問題。「意義思考」強調原點大於一切，它是對於原先想法進行重新創造，所以最終呈現出來的結果，經常不在使用者已知的經驗範圍中。

看看周遭，多數人選擇了複製市場需求的安全牌，或是滿足於解決別人眼前的痛點，而賈伯斯則選擇了「重新思考事物意義」，以創造全新的市場需求。關於市場調查的適用性，他經常引用亨利・福特的名言：「如果當初我問顧客到底想要什麼，他們的答案會是一部更快的馬車。」

二〇一〇年iPad上市前，當這個全新的3C裝置在物質世界中尚未存在時，你要如何透過市場調查以理解使用者的需求呢？你要如何才能預測人類社會是否需要這個裝置？此時，對於未來的判斷，只能透過「意義思考」找出解答。

iPad的「意義」是什麼？為什麼人們需要這個裝置？當賈伯斯思考平板電腦所代表的「意義」時，發現它是介於「筆記型電腦」與「手機」之外的「第三種類別裝置」（Third Category of Device）。因為人們工作時，傾向使用筆記型電腦。人們移動時，傾向使用行動電話。但是在固定辦公與行走移動之間，還有許多場合的基本需求尚未被滿足。當賈伯斯發現平板電腦在某些場合中的適用性，超過了筆電及手機時（例如：在沙發上，使用平板電腦瀏覽網頁的便利性與舒適度，超過其他兩者），即準確預測了這個尚未推出市面的產品市場性，從而發展出一系列全新商品。

成為能夠看見短暫未來的人

能夠預測未來其實並不稀奇，這是任何人都能擁有的能力。如同每個人都可以預言人類終將進行太空旅行，地球也總有一天會毀滅。所以，重點是誰擁有短中期提早發現事情的能力？雖然人們說：「千金難買早知道。」但是如果你懂得「意義思考」，你就能擁有如同《海賊王》卡塔庫栗一般，看見短暫未來的能力。具備這種開眼，才是人類行為中最有價值的部分。

追根才能究柢，「意義思考」是重新定義與架構問題（Reframe）的能力。它離開既定的市場風向與人云亦云。「意義思考」超越了目標對象分析，它不在人們已知的知識經驗範圍內解決問題，它是一種完全的獨立思考能力。

在扁平化的世界裡，人們更容易把眼光聚焦在觀察競爭對手的一舉一動。這種相互參照與借用複製，對於社會進步是有限的。競爭是一種破壞性能量，它並不代表價值創造。最徹底的創新活動，就是去思考、去蛻變事物的原本「意義」，以截然不同的觀點，架構全新的產品與服務。

賈伯斯其實不是簡報高手

提到賈伯斯，你腦海中跳出來的第一印象是什麼？是蘋果電腦的創辦人？還是從公文封拿出超薄型Macbook Air，那個能讓會場觀眾感到驚呼連連的簡報高手？亦或是總能不斷推陳出新，將蘋果公司進行谷底翻身，連續創造出逆轉勝奇蹟的創意奇才？

如果從本書觀點，人們最應該向他學習的並不是獨特的美學觀、簡報技巧或是創造力，而是他的「意義思考」能力。這種進行事物「本質性探索」的能力，不僅在賈伯斯身上可以看見，在許多一流的建築師、廣告人、作者、發明家、設計師、溝通者、提案人……身上，也都可以看到這種思維模式。

如果你是五、六年級生，還記在西元二〇〇〇年之前，人們是如何購買3C商品的嗎？還記得在電器行選購隨身聽時的場景嗎？當時，幾乎所有的電子產品都被鎖在玻璃櫃中。大多數時候，只能與你渴望擁有的商品遙遙相望。而賈伯斯重新定義了零售通路的「意義」在於「體驗」，而非「成交」，因此Apple Store讓3C商品變得隨手可得。他重新改變了市場規則，以全新概念呈現在世人面前。

目前你使用的筆記型電腦還有配置光碟機嗎？為什麼賈伯斯敢在所有電腦列為標準配備之時，率先做出讓Macbook移除光碟機的決策呢？因為，他思考光碟機的「意義」在於「儲存大量資料」，當雲端技術、隨身碟、高速頻寬等科技逐漸浮現之際，也就預告了光碟機原本存在的「意義性」即將消失，所以他做出了這個決策。

如果你願意培養「意義思考」能力，那麼未來就不再這麼的遙不可見。利用這種思考能力，在構思階段即能預判未來，你就可以成為能看見短暫未來的人。

全新看待事物想法的可能性

「意義思考」不是構想優化與再加強，它是根本性的顛覆。「意義思考」的能力為何如此重要？因為伴隨著每一次的「重新定義」，就代表著打破現狀，提供世界一種全新看待事物想法的可能性。而這種能力並不神秘，也不專屬於少數人士限定，它是任何人都能夠培養、也必須擁有的深度思考力。後續我們將逐漸揭露「意義思考」的相關內容，以及如何培養這種能力，也將穿插更多關於賈伯斯構思新產品時，所進行的「意義思考」範例。

重點結論

本章內容介紹「意義思考」的基本定義與好處，它是創造力、邏輯力之外的「第三種思維」。一切事物的前期規劃都需要使用這種能力才能夠達到與眾不同。擁有「意義思考」能力，你將擁有開啟一切美好事物的開端。

心智創造先於實體創造。如何提升個人競爭力？如何讓公司創造屬於自己的一片藍海？別老是盯著別人看，習慣看著競爭對手的一舉一動，再調整自己的行為模式，這種作法只能保證不輸，但是也絕對贏不了。我們是人類而非鸚鵡，除了模仿他人，我們還可以進行獨立思考，能以自己的思維努力，創造出與眾不同。

人們堅信成功者的手上，一定握有一把能夠開啟勝利之門的特殊鑰匙。所以，市場專家總是喜歡綜合歸納成功人士的秘訣與捷徑。人們喜歡追隨別人的模式成功，卻不喜歡依照自己的方式成功。

面對未來的競爭，如果只是遵循既定模式，或是借鏡參考他人的作法，再思維如何跑在別人面前，這種作法仍然是在相同的跑道上彼此相互競速。身為一個「意義思考」者，偏好以自己的想像，走出一條專屬於自己的道路。

面對高速競爭，「意義思考」建議的作法是盡可能慢下來，花更多時間去思考本質性問題，練習對事情下定義，學習「意義思考」的思維模式，就是面對這個沒有標準答案世界的第一步。

愛因斯坦曾說：「創新不是由邏輯思維帶來的，儘管最後的產物有賴於一個符合邏輯的結構。」現在之中，並不存在著未來的成功，從此時此刻開始，我們要學習當個原始人，去思考最原始的問題：一件事物所代表的「意義」是什麼？身為規劃者，既然都要想了，就讓我們從想法原點處開始想起！

各位讀者朋友，或許你曾經從許多溝通類書籍或是坊間課程學習到一個觀念：有效溝通就是要以「一句話」貫穿整體內容，但是大多數說明也僅止於這麼「一句話」，而未針對這個觀念的本質與方法，進行更深度的說明闡述。這本書所存在的目的，就是將這個「一句話」中隱藏的一切內涵，進行完整的原理剖析與實務應用。

後續章節中，我們將針對「意義思考」與溝通模式的關係、溝通者如何進行「意義思考」、如何培養自己深度的「意義思考力」，以及判斷「意義思考」想法品質的方法等內容，進行全方位解說。

【練習一下】

請思考北極光的「意義」是什麼？在眾多大自然現象中，它具有什麼樣的獨特性？如果你想說服他人，這輩子一定要親眼目睹一次北極光，你會如何形容它？請試著以一句話的方式，為北極光是什麼「下定義」，請至少寫下十個答案。

下列兩種說法，你覺得哪種說法比較具有說服力？哪種說明方式，能夠穿越表相進入事情本質思考？

說法一：北極光是一種出現在北極天空，不斷變幻的光影現象。

說法二：北極光是地球上可見的最大宇宙現象。

大多數讀者會認為第二種說法比較具有說服力。因為第一種說法接近事情的現象層，未能展現出想法的內涵與思考深度。第二種說法接近於「意義思考」，因為有效溝通即是「向內發現」的過程，它能呈現想法的內在本質，並且提供他人以往不知道的事實觀點，所以能展現出想法說服力。

第2章

有效的溝通模式

「意義思考」只需要憑藉「一句話」，
就能讓對方聽透到底。
「意義思考」是一種微訊息，
同時也是最關鍵訊息。

資訊爆炸時代的溝通問題

這是一個微訊息、多圖少字、縮時攝影，加上兩倍速播放影音的時代，也是一個容易閃神躁動的時代。各位閱讀本書的同時，是否不停查看手機的推播訊息，同時思考晚上跟女朋友約會要吃些什麼？接下來，閱讀本書期間，各位讀者的神識，還要繼續飄移超過一百次。太多的資訊，或者更正確地說，太多不需要知道的資訊，正在導致人們耐性的美德快速消散之中。

資訊大爆炸後，有效的溝通模式正在逐漸改變。從以往強調「起承轉合」逐步撥雲見日的「建構模式」，轉變為追求「概略精細」的「趨近模式」。在一個略看、略聽、略讀，再加上急躁不安的世界裡，想成為一個更強大的溝通者，你的溝通模式應該要有所改變。

活在漫不經心、難以深度溝通的時代裡，我們必須認清一個事實，他人對你的溝通，不再是以往的「累積觀點」，而是「剩餘觀點」。也就是說，所有溝通者應該有股自覺，當你站在台上的那一刻起，觀眾心裡的倒數計時器已經悄然按下。面對「說者有心、聽者無意」的溝通環境，表達者如何才能找到自己的生存策略？答案是：別站在三岔路口進行溝通。

本書依據溝通者解說內容的作法，將溝通區分為傳統擠牙膏式的「建構模式」，以及「意義思考」所強調的「趨近模式」。「建構模式」是採取「起承轉合」的方式，認為有效的溝通應該發生在下半場，甚至是下台前的最後一刻。「趨近模式」認為，有效的溝通應該發生在每一刻，而非下台前或是接近時間終了之時。

採取「建構模式」的溝通法

「建構模式」假設溝通是以線性方式進行，隨著上台時間流逝，解說進度從百分之十、百分之二十、百分之三十……，直到百分之百。這種溝通模式如同蓋大樓般，經由鋪陳、解釋、論證、總結的作法，讓他人知道你想表達的內容。這種「從

圖2-1　採取「建構模式」的溝通法

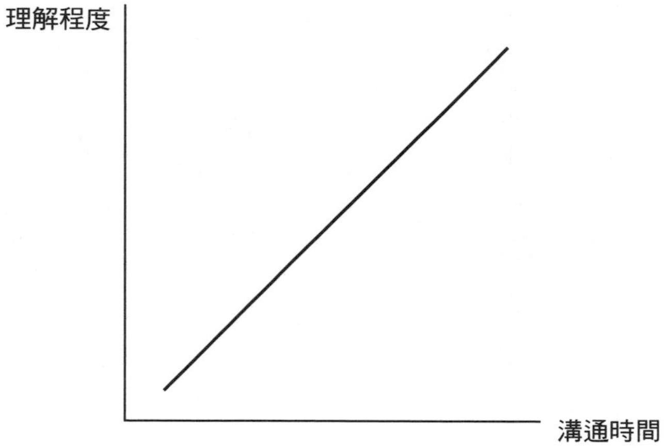

無到有」的溝通模式，如圖2-1所示。

採取線性溝通的「建構模式」，是讓「說明」與「理解」同時發生，因為溝通者對於之後闡述的內容，無法提供方向感及預測性，因此聆聽者在整個溝通過程，都要全神貫注才能理解前後邏輯串連，中途只要稍為閃神，就會無法跟上溝通步伐，甚至也有可能到下台前的最後一刻，才突然發現原來是誤會一場。

「建構模式」屬於「邊聽邊懂」的表述方式。這種起承轉合的溝通方法，適用於時間充裕、耐性無限、他人理解能力良好，以及雙方能夠充分溝通的簡報場合。在一個你無法好好講，別人也無法好好聽的世界裡並不適用。採取這種站在三岔路口、沒有明確提供方向感的溝通模式，經常考驗他人的耐性底限，而當聆聽者感到不耐煩時，就代表溝通的大門即將關閉。

採取「趨近模式」的溝通法

兩件事情比起三件事情簡單，一件事情比起兩件事情容易理解。在這個簡單道理下，如果我們能把一切溝通的大小事全部整理成一件事，那麼再複雜的溝通也能變得輕鬆愉快。當溝通從全面細節的理解，變成只要說清楚一件事，那就沒有聽得懂不懂的問題。為什麼別人聽不懂你的想法？關鍵問題出在哪裡？能否把溝通簡化為「單一事件」，就是讓人聽懂的關鍵！

「趨近模式」假設溝通是以「指數方式」進行。開場時，先以最短時間說明整個想法的大方向，接著再進行次要重點補充，之後如果還有時間，就在針對各個次要重點進行逐一深度展開。這種作法不是採取從零到百分之百的「建構模式」，而是在最短時間內先完成百分之六十的溝通，之後再隨著時間流逝，逐漸將解說進度

圖2-2　採取「趨近模式」的溝通法

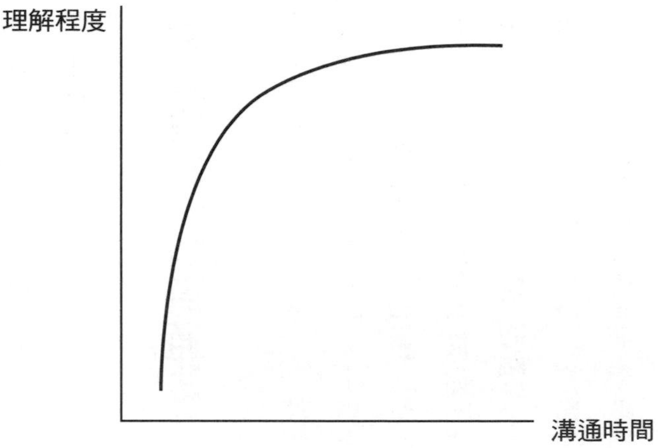

推進至百分之八十、百分之九十、百分之九十五、百分之九十八等，如圖2-2所示。

「指數型」的溝通模式不同於建構，「建構模式」採取「從無到有」方式，讓目標對象聽懂想法。「趨近模式」認為，有效率的溝通應該如同從一塊石頭中雕刻出作品，先以幾筆大刀砍下，快速產生雛型，接著逐漸進行粗部設計，最後再針對細節處進行精修調整。「建構模式」強調直線前進，而「趨近模式」則強調逐步填滿。

簡單來說，「趨近模式」採取從「雛型」到「成品」的溝通模式。

以這種方式進行溝通，能在最短時間內，讓對方掌握整體事件的輪廓性及方向感。「趨近模式」不但能讓有效溝通發生在過程中的每一刻，也符合缺乏耐性下的表述場合。

「意義思考」採取「概略精細」，而非「起承轉合」方式，完成一趟溝通之旅。它認為「說明」與「理解」不應該同時發生，而是必須讓「理解」走在「說明」之前，如此才能降低目標對象的認知負荷。「意義思考」的觀點認為：如果想成為一個更有效率的溝通者，必須先以「一句話」照亮前方看不見的道路，之後再讓聆聽者遵循這個脈絡，慢慢展開後續的內容真相。

以自我介紹為例。「建構模式」是採取依序說明學歷、經歷、資歷的作法，逐漸讓別人理解你想表達的內容，但是對方不一定能掌握你想說明的重點。「趨近模式」是先回答關於自我介紹的「意義思考」；也就是在一開始說明時，先告訴他人「我是一個勇於挑戰舒適圈的人」。先詮釋能代表個人「意義」的大方向，接著，再進行與「意義」相關的學歷、經歷、資歷說明，如果細項說明與「意義」不相關則加以排除，不列入說明範圍之中。

讓想法具有預見力

活在資訊大放送的時代，永遠有關不完的廣告視窗，與隨時可能跳出來的即時簡訊。面對觀眾支離破碎般的注意力，將溝通視為一種「裝滿過程」，而非「推進程序」，才符合當前及未來的溝通模式。「意義思考」採取讓重點在第一時間出現的作法，除了具有「要事先說」特點，也能避免他人劃錯重點。

「意義思考」是以「先說概要、後說細節」的趨近作法，讓他人從一開始就能聽懂入戲，屬於有效率的「上半場」溝通模式。採取鋪陳、論述、舉例、結論的「建構模式」，需要讓別人在最後時刻才能完全理解想法，屬於考驗耐性的「下半場」溝通模式。

想追求更有效率的溝通方式，就要讓內容具有預覽性與方向性。先提供整體概念，再進行局部深入的解說法，比起起承轉合的溝通模式，一定來得更容易理解。突破這個觀點，你才真正理解有效溝通是怎麼一回事。現在讓我們休息一下，來杯咖啡，並思考下面的問題：

請你針對咖啡進行「意義思考」。思考咖啡是什麼？為什麼在人類社會中，普遍存在著這種飲料？

這個題目是我擔任廣告公司文案，負責發想咖啡商品腳本時，創意總監要求每位創意人員必須做的功課。通常，思考這個問題的期間約二至三個星期，期間至少產出一百至兩百個關於咖啡「意義思考」的想法數量。

咖啡代表的「意義」是什麼？人，為什麼要喝咖啡？咖啡與其他飲料的差異性在哪裡？關於咖啡的「意義思考」，幾個可能的答案如下：

1. 咖啡是一天的開始。
2. 咖啡是一種提神飲料。
3. 咖啡是每天生活中的小確幸。

4. 咖啡是全世界第二大的經濟作物。
5. 咖啡是一種全球流行性的食尚文化。
6. 咖啡是生活中暫時性的Escape。

如何產生一個好創意？我在廣告公司學習到的經驗，並不是書籍或坊間常見的理論方法，諸如：腦力激盪、六頂思考帽子，或是如何將兩種舊元素相互組合成第三種新想法等作法。我所親身體驗的創意過程，沒有經歷如同牛頓被蘋果擊中腦門般的意外，也沒有阿基米德從浴缸中跑出去的變態。在廣告公司工作期間，我學習到的創意歷程：是當你經由徹底思考事物的「本質性」之後，在某個神秘時刻來臨時，你將與繆思女神不期而遇。

關於咖啡的「意義思考」，你能想到的一切答案是什麼？重點不在於找出正確答案（「意義思考」不存在著正確答案），而在於觀點產出的異想天開。你能利用「意義思考」看見別人眼中不曾看見的咖啡嗎？你能體會咖啡除了上述極少數的答案之外，還可以擁有上百萬種「意義」的可能性嗎？

以上對於咖啡的每一種「定義」，後續衍生而出的創意腳本也大不相同。進行

圖2-3　畢卡索筆下，一隻「差不多」的狗

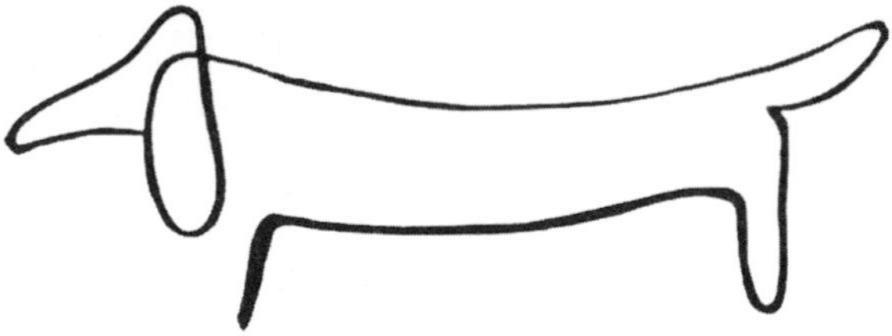

「意義思考」，代表你在眾多同性質的商品中，所訴求的差異點是什麼。所以，「意義思考」其實也就是最深層的「策略思考」。

在許多人的觀念中，認為「策略思考」、「邏輯思考」、「創意思考」，是分屬於不同大腦區塊的思考活動。後續內容，我將舉證許多例子，說明上述三種思維活動，其實都涵蓋在「意義思考」。

兩種差不多先生

世界上有兩種差不多先生。一種差不多先生是各領域的大師級人物；另一種差不多先生是胡適筆下、凡事隨便應

付的馬虎者。擅長「意義思考」的大師們屬於前者，他們有種本事，能以最低限度的資源，完成大部分作品。

第一種差不多先生的代表性人物包括：畢卡索、查爾斯・舒茲（漫畫史努比的作者）、賈伯斯等。畢卡索能以簡潔俐落的筆觸，精確掌握住物體形貌（如圖2-3），漫畫家查爾斯・舒茲能在最少筆劃內，神準捕捉到人物臉部神情。真正大師級的差不多先生，不追求精細度與完整性，而是經由穿透「本質」，捕捉事物的真正精髓。掌握根本，就能掌握大概。這是講重點與任何事物「化繁為簡」的共通能力。

針對高階主管的溝通模式

針對高階主管進行簡報，幾乎是所有表達中，難度最高的溝通情境。他們見多識廣、觀點犀利，堪稱是地表上最強物種。許多高階主管與《少林足球》的三師兄一樣，擁有一秒鐘幾十萬上下的時間成本。對於這類時間敏感的目標對象提案時，千萬不要鋪梗，也不需要太多互動。採取「趨近模式」溝通法，即早洩露天機才是王道。

除了以「快狠準」，取代「起承轉合」的牽拖模式，對於高階主管簡報，也特別強調提供資訊的附加價值。報告者所提供的內容，不能只是原始素材或是Raw Data，而是要扮演好「代客料理」角色，提供他們精煉過的加值觀點，以及穿透表相層的深度洞察。

長期以來，在江湖中走跳的高階主管經常練就一番鎖喉功，如果簡報者無法在短時間內切入重點，主管就會請你跳至最後一張投影片或者直接下台。人們常說：「時間就是金錢。」然而，對高階主管而言，「時間更是生命」。不論如何，他們在大型聚會場合中斷一場沒有營養的溝通活動，其實也只是替天行道，節省大家時間。

面對特別重視時間成本的溝通對象，我們應該想像他們的耐性有個固定數值。上台時，你所說的每個字句都在耗損著他的耐性。當聆聽者對你的耐性額度用完時，就要做好隨時被消音滅口的心理準備。

誰說溝通只能講三個重點？

或許你曾經聽過一種說法：溝通時，最好以三個重點為上限。相關說法與例證包括：因為三是穩定數字，如同桌子必須有三隻腳才能安立於地面。有些說法從認知心理學的理論著手，說明人類的短期記憶落在5±2的數字區間，所以不宜同時說明太多重點，以避免他人記不住。也有些人引證賈伯斯或其他溝通大師為例，說明許多著名演說都是以三個重點數所構成。例如：賈伯斯二〇〇五年夏天，受邀於史丹福大學畢業典禮所發表的著名演說《生命的態度》，即是以自己生命中的三個故事為敘述主軸。

一場有效的溝通，應該要有幾個重點？從「意義思考」的角度思考，任何形式的溝通，應該都只能有一個重點。更精確地說，有幾點重點其實不是重點，重點不是「數字」，而是「體系」。任何有效的溝通應該把無數的細節，轉換為一個「體系」。所以，身處在溝通大海中的海賊們，去尋找你的「One Piece」吧！

要怎麼做，才能離開重點數，或是觀眾頻寬的溝通限制呢？答案就是利用「意義思考」，一種看出事情端倪的力量；把所有的子部分完成一個母集合。舉例而言，某個運動選手，在一百公尺短跑、一百公尺跨欄、四百公尺短跑、八百公尺跑步、跳遠、跳高、撐竿跳、鉛球、鐵餅、標槍等項目的表現上，都算不上是全球頂尖，當他正考慮要不要退出體壇時，可能在某天早上醒來，突然發現自己成為了十項全能的世界冠軍。

「意義思考」就是這種帶著洞察性的發現，將十件事情變成了一件事。而且在這個過程，同時解決溝通時間、溝通對象、耐性以及理解能力的問題，並且發現原本想法中，早就已經存在的「說服原力」。很多溝通的問題，其實是在瞬間同時完成的。

溝通的說服力與傳遞性，就是經由「意義思考」這個工具所完成。賈伯斯介紹iPhone 4登場時，不是挑出這支手機的三大重點進行說明。事實上，在這場新品發表會，光是這支手機，賈伯斯總共就說明了高達十個重點，而這還不包括其他產品的軟硬體說明。

所以，誰說溝通只能講三個重點？溝通的數量從來不是重點，甚至我們也可以說，有效的溝通應該百分之百是重點，不然為什麼要置入其中浪費他人時間呢？重點是表達者能否把數量集結成一個體系，而非糾結在重點數的迷思之中。本書第六章探討「意義思考」公式的章節，將說明賈伯斯介紹 iPhone 4時，如何將十個重點數轉換成一個溝通體系，同時為這支手機創造出說服的生命力。

重點結論

溝通是一場注意力的競爭，而且永遠有第三者。蘋果公司二〇〇七年推出iPhone之後，人與人的訊息溝通就開始出現了三角關係（傳遞者、接收者，以及智慧型手機）。身處在「說者有意、聽者無心」的溝通環境，你能從這三者的複雜關係中勝出嗎？面對聆聽者即將高頻率「精神外遇」的未來，我們必須改變長期以來的溝通模式，找出更有效的作法加以因應。

在智慧型手機尚未出現的年代，溝通是如此的單純美好。以往，傳遞訊息者在溝通過程可能遭遇的障礙，最多就是門外助理找人的敲門聲，或是台下聽眾起身上廁所。我們需要緬懷過去嗎？其實，對於目前的溝通處境，我們應該樂觀以對，因為未來的情形只會愈來愈糟，而且更加地急速敗壞。

在閃神時代，觀眾隨時準備閃人。任何溝通者站在台前，都要想像台下觀眾如同意外可能隨時發生般地逃離現場。一場有效的溝通，不僅是「步驟」的問題，而是「掌握」的問題。請試著提供他人解說方向的可預測性，讓聆聽者能夠看著一件事情逐漸成形，而非在最後一刻才揭曉答案。

本章內容依據溝通者解說內容的作法，區分「起承轉合」的「建構模式」，以及「意義思考」所強調的「趨近模式」，並建議讀者學習以溝通效率為主的「趨近模式」，取代慢活時代的「建構模式」。先說出最大事，接著再將大事化小、小事化微，採取這種作法才能讓人在最短時間內聽懂。

什麼是溝通中的最大事？就是關於內容的「意義思考」。它只需要憑藉「一句話」，就能讓對方聽透到底。「意義思考」是一種微訊息，同時也是最關鍵訊息。在這個最小之中，卻隱含了最大溝通潛能。「意義思考」如同一顆種子，渺小卻潛力無窮。它是一切溝通的重中之重，能讓他人在這個微小之中看見了全部。

接下來的章節，將探討「意義思考」與其他建構工具的差異性。說明為什麼好的開始，經常不是成功的一半，而是失敗的全部。捨遠求近的結果，可能是埋下惡運與浪費時間的種子。規劃想法時，我們應該建立一種敏銳度：當一件事情起步太順利時，你可能就要當心了！

【練習一下】

檢視一下自己公司的簡介，如果只能以「一句話」的方式形容自家公司，那句話是什麼？請試著為你的公司進行「意義思考」，這是製作公司簡介時，比起任何說明，例如：公司規模、歷史沿革、產品特色，以及技術水準等更重要的事情。請找出能與競爭對手進行明顯區隔的「定義」。這是規劃者建構公司簡介內容時，最需要回答的關鍵性問題。拿出紙筆，至少寫下五十個答案。

關於公司簡介的「意義思考」，你的答案是什麼？是否找到一種獨特的切入方向，讓所有細節壓縮至這個概念中？你覺得別人聽完說明，能對公司建立良好的第一印象嗎？與其他競爭對手之間，這個「意義」具有足夠的區隔性與辨識度嗎？

先檢視一下之前的公司簡介，如果沒有太大意外，不外乎放個組織圖，強調自己公司規模多大、海內外據點有多少員工、研發技術多麼強大、服務品質多麼優秀，以及營運數字多麼亮眼。有太多組織的公司簡介，是活在自己的世界裡，述說著讓自己開心的「One Side Story」。仔細看看內容，你是不是忘了強調公司能提供給對方的特殊價值，只是一味地進行自我取悅。身為溝通者最可悲之處，就是忘了他人，只活在自己的幻覺與想像中。

如果你真的覺得自己公司實在沒有什麼特殊的「意義性」值得一說，那或許代表你應該換份工作了。喔！不對，千萬不能有此念頭，事情不是這樣解決的。如果你真的找不到讓自己感動的「意義」，八成是因為沒有花費足夠的時間進行探索。很多事情，只要看得夠久，遲早都會看出一些端倪。

關於「意義思考」的解答，與其說是找不到，更有可能是因為你的眼睛睜得不夠大、大腦燒機燒得不夠久，所以才無法看見事物的深層「意義」。試著咀嚼一下法國作家馬塞爾．普魯斯特（Marcel Proust）的名言：「真正的發現之旅，不在於向外尋求新的風景，而是擁有一雙新的眼睛！」相信自己，只要努力去想，再平常的事物也能從中發現新滋味。

溝通技巧有八萬四千法門，不論換位思考、強調功能與利益的差異，或是如何進行目標對象分析。其實，不論任何技巧，都在喚醒溝通者的同理心，讓自己能夠站在別人的視角看事情。規劃者真的很容易忘記顧客與溝通對象的存在，而活在取悅自己的情境。「意義思考」就是將自己想說的，與他人想聽的，共同聚集成一個概念想法。所以這種思維也有助於規劃者帶著同理心的元素進行溝通。

第3章

想法的建構模式

蒐集資訊只能豐富內容，
整理想法只能讓人理解，唯有進行「意義思考」，
讓所有元素在一個「獨特觀點」之下展開，
才能產生說服力與進行有效溝通。

一切從最根本開始

俗話說：「好的開始是成功的一半。」這句話不適用於「意義思考」，以及想成為更有效率的前期規劃者身上。哪裡才是規劃者的入手處？什麼才是規劃時的第一個動作？因為「靜中有動」，所以第一個動作就是什麼都不做，凡事在施展拳腳之前，先別急著冒進。

想做好時間管理，最重要的觀念就是先做好前期規劃。如果採取方便下手、快速啟動的作法，就代表跳過這個重要步驟，而跳步驟即代表「未謀先動」；沒有預想過一些重要事情。規劃者在快速行動的同時，可以為自己取得立即的勝利感，但是這種作法也潛藏了重新啟動的危險。想讓自己進階為更好的規劃者，就要在事情一開始時，多為難自己一點。

「意義思考」是一種系統思考，它的主要精神是讓自己從現實中跳脫出來，以居高臨下的姿態看著一切事情發生，而不是在還沒有搞清楚狀況之前，事情就已經完成。一切都要從根本處下手，唯有正確性加上幹勁，才能讓事情變得圓滿無礙。

讓我們再次回到第一章準備自我介紹的例子，當你接到指令，準備規劃簡報或是展開新專案時，你所採取的第一個動作是什麼？相信多數工作者並不是進行「意義思考」，而是採取PowerPoint、便利貼與心智圖等三種工具作為想法下手處，然而你是否適當應用這三項工具，卻會大大影響成果。

使用PowerPoint的通病！錯把製作當規劃

百分之九十以上規劃者的第一個直覺反射動作，就是打開簡報軟體。的確，PowerPoint是一個優異的視覺呈現工具，它提供溝通者製作投影片時的科技性與便利性，也遠勝過其他同性質的簡報軟體。但是，問題在於它並不是一個有效的規劃思考工具。表達者如果採取直接打開PowerPoint（或其他簡報軟體）的作法，就犯了起跑點失敗的錯誤。因為你讓「製作」跑在「規劃」之前；而最後結果，就是導致整體想法敗壞。

簡報軟體工具會讓人的大腦產生完整規劃的錯覺，以為投影片製作完成，就等於經歷了完整思考程序。進行前期構思時，與PowerPoint保持一點距離是件好事。因為，簡報起點從來不在PowerPoint裡，而是在你的大腦裡。為了能夠加速前進，我們必須先慢下來。

還有些簡報者屬於投影片控，在想法還沒想清楚之前，就急著跳進製作階段。接著，又一個不小心，喚醒了內心沉睡多年的藝術細胞，於是開心地玩起了簡報軟體的功能選項設定。許多人因為在路途中，過度專注於欣賞風景而迷路，最後到達了一個陌生地方，做了一份連自己都不認識的簡報。快速打開簡報軟體，會讓注意力提前從內容本身，轉移到流程操作，而深陷過程的規劃者，總是難以顧全大局。

首先，我們創造了投影片，最後，也死在了投影片。太衝動進入製作階段，也容易讓簡報者抱著「做了不講」的可惜心態。如果依此作法，我們判斷內容存在與否的基準，並不是依照「意義思考」與「他人需求」，而是「時間成本」，這是起心動念錯誤的問題。

科技降低了我們的辛苦，但是當它縮短製程的同時，也容易讓人跳過步驟，而且不是跳過一般步驟，而是最重要步驟：前期規劃。不論科技如何演進，對於規劃與思考的本質，將不會造成任何改變。這也就是為什麼隨著簡報軟體版本不斷更新的同時，差勁的簡報內容依然舉目可見。PowerPoint以及其他一切簡報工具，充其量只能在準備流程的中後段處發揮功能，但是永遠無法取代人們前期溝通、構思策略，以及打草稿能力。

畢竟，不是電腦在做簡報，是人在做簡報。科技只是協助人們，將做簡報這件事情變得輕鬆容易一點，但是千萬不能本末倒置。「意義思考者」會將PowerPoint帶來的順手感，視為一種容易導致輕舉妄動的美麗陷阱。

自一九八七年PowerPoint一·〇上市至今，已開發超過三十餘年。在簡報軟體出現之前，人們想要製作一張幻燈片，委外製作時間至少花費二至三個星期。所以當時的簡報者必須先把所有內容徹底想清楚之後，才會進入製作程序。再放眼四周的溝通品質，沒錯，科技是進步了，但是規劃者的前期思考能力不升反降。如果想要維持良好的溝通品質，就要追求三十年前，對於構想規劃的謹慎態度。當然，不僅現在如此，未來三百年也應當如此。

或許，我們對於簡報軟體的態度，應該更接近於菸酒商品。試著想像一下，或許打開PowerPoint軟體，出現編輯畫面之前，應該跳出一個警示訊息，並出現以下警語：「簡報者未經深思熟慮之前，請勿開啟本軟體，以免內容完整性遭到侵蝕。」

千萬別讓自己贏在起跑點，卻輸在終點線。太順利的開始，可能暗藏了自摔風險。停下來，別急著忙碌，先搞清楚狀況，讓自己後退幾步，去看看完整事情的輪廓性。製作前，先思考簡報中的「Power Point」是什麼。別忘了，溝通是先有了「Power Point」，接著才會有「PowerPoint」。什麼才是簡報中的「Power Point」？其實指的就是「意義思考」。

便利貼不是策略的保證

有些企管講師或是教學方法，建議以便利貼作為建構想法的工具。採用便利貼的好處多多，它適用於團體討論、能把想法全部攤開在眾人眼前，並以視覺化的方式呈現，也具有方便移動的特性，能讓想法快速重新排列組合與重新歸位，看著想法數量隨著時間流逝而逐漸增加，也能為規劃者及團隊帶來成就感。

採取紙筆工具，專家稱這種溝通為「類比規劃法」（Plan in analogy），比起數位工作模式（直接打開PowerPoint）的規劃效果更好一些。但是不論想法數量或多或少，這種作法仍然缺少了一樣東西。在一堆黃色紙張所構成的便利貼規劃法中少了什麼？答案是少了「溝通策略」。一個沒有策略想法的溝通？糟了，這是最重要部分。請試著體會以下這句話：「有效的溝通，並不是『條列』與『整理』，而是『注入』與『融合』。」

規劃者別忘了，便利貼只是蒐集想法的工具，主要功能在於記錄、視覺化與組織想法。採取這種「由下而上」建構想法的方式，確實能確保想法與內容的數量；但是不能保證策略品質與想法之間的關聯性。因為策略是帶著高度俯看一切，策略必須是「由上而下」。

「蒐集想法」與「形成策略」是兩碼子事。想要產生想法數量與團體討論，使用便利貼作為前期思考工具是個不錯作法。但是便利貼的排序結果，無法作為發展後續想法的最終工具。欲產生一個完整而有效的想法，不能僅靠記錄、分類與整理，而是要先找出一個有效策略，再將所有想法納入這個策略之中。

心智圖的過度展開，容易造成思考的發散

心智圖（Mind Map）是一種以關鍵字為發想中心點；再向外以輻射思考方式，展現出所有元素之間關聯性的視覺化工具。它是由英國學者托尼・博贊（Tony Buzan）於一九七〇年代所提出的思考輔助工具。近年來隨著科技進步，心智圖也從原先的紙本繪製，發展出許多數位版本。

這種將想法進行視覺化呈現的建構工具，因為具有圖像化、易組織、好記憶等特點，廣受許多職場工作者喜好，將之作為想法前期發想與整理想法的工具。心智圖的主要特點，在於從一個中心想法出發，接著向外進行層層發散，以釐清所有想法的交互層級關係。

這種思考工具非常便利建構想法之間的網路脈絡。不過，也正是因為太容易展開，所以一不小心就容易進行超展開。對於一般溝通者而言，他們無法確認想法要發散到什麼程度，或是哪個階層才需要停止。

舉例而言，如果溝通者使用心智圖作為公司簡介的構思工具，在最面面俱到加

上努力不懈的情形下，最後可能產出高達五百頁的投影片內容，而別人聽完簡介之後，卻完全無法掌握你想表達的重點是什麼。心智圖的特點在於很平均、很完美，沒有分別心與大小眼。它的所有內容之間，不存在加權比重與優先順序的關係。

到目前為止，規劃者不論使用PowerPoint、便利貼，或是心智圖，都會產生缺乏主要溝通策略的問題。因為策略著重的是「重點性」而非「完整性」；因為策略是「集中火力」而非「一網打盡」。那麼，使用心智圖時，如何才能產生一個有效的提案策略呢？

如果從「意義思考」的角度，思考如何有效運用心智圖，則位於正中央的關鍵字或關鍵句，才是整個構思過程最重要的思考點，它是讓後續內容能夠有效展開的重點。也就是說，一個使用心智圖的規劃者，必須花費最多時間思考中間詞彙的「意義性」，之後向外幅射出的內容才能具有策略性。而不是採取大多數人的作法，以漫不經心的方式寫下幾個字，接著就忙著向外進行無限展開。

舉例來說，使用心智圖作為自我介紹的解說工具時，中心點的關鍵字是「自我介紹」，或是「我是一個斜槓青年」，兩者幅射出來的內容與策略性完全不同。再以公司簡介為例，一位心智圖的使用者，中心點的關鍵字是單純的「公司簡介」，還是「我們是一家採取一條龍經營方式的公司」，兩者所發散出來的內容、廣度、深度，以及提案策略的有效性也會大不相同。

發散想法可以靠工具協助，收斂想法必須靠人腦洞察。規劃者不論使用PowerPoint、便利貼，或是採取心智圖作為構思工具，它們終究只是一種想法的發散過程，而策略的本質是「收斂」而非「發散」。這點即是「意義思考」與其他工具的最大差異。

規劃者如果能善用「意義思考」進行想法篩選，就能讓整體想法的組織體系小一點，但是特別一點。這時，你不必費力說明一堆細節，反而能產生一個更有策略性的提案。

思考與行動的先後順序

你屬於哪種人格特質？思考派還是行動派？你認為事情應該如同《孫子兵法》所言：「多算勝、少算不勝。」強調謀定而後動？還是先捲起袖子，先做了再說？本章後續內容將以思考與行動之間的先後順序關係作為區分依據，說明目前以強調「行動優先」為主流的建構顯學（例如：精實創業）與本書「意義思考」的差異性。

精實創業的主要思維

二〇一一年由矽谷創業家艾瑞克・萊斯（Eric Ries）所出版的《精實創業：用

小實驗玩出大事業》（*The Lean Startup*）一書，強調構思過程應該經由快速推出產品、動手思考，並將開發、市場、行銷盡量趨於同步的方式進行創業活動。書中建議讀者採取以下三個步驟迅速落實想法：

步驟一，快速原型（Quick Prototyping）

在《精實創業》的觀念中，認為現在所處的世界，正以超乎想像的速度急劇變動，在規劃永遠趕不上變化的前提下，建議創業者不需要等到規劃作業趨於完美再採取行動，而是要以行動優先。因為行動經常是讓整件事情發生中最困難的部分。人們總是難以行動，與其光說不練，不如降低行動門檻，先做了再說。的確，有時候人們會因為思慮過於完整，自我預想太多限制條件而導致行動裹足不前。所以，在《精實創業》的觀念中，建議創業者應以最短時間發展出最小可行產品（Minimum Viable Product，MVP），再根據市場反應，快速進行想法修正。

步驟二，軸轉（Pivot）

《精實創業》認為，創業者無法真實預判市場需求，如果想知道消費者的心裡在想些什麼，最準確的方式就是直接從市場中取得回饋。採取行動，就是發現需求的最佳作法。因此，當想法快速上市之後，如果市場反應結果不如預期，就應該進行方向修改，之後再以最快速度重新上市，以求命中市場需求。所謂的「軸轉」（Pivot），就是開發想法過程中，不斷修正想法主軸方向的作法。

步驟三，驗證式學習（Validated Learning）

驗證式學習秉持「Never try, Never know.」的精神，強調規劃者最好以雙手雙腳去探索世界，行動才是找出好答案的最佳方式。因為構思無法產生數據與反應，唯有行動才能產生回饋資訊。從答案中回頭修正想法，並且不斷重複這個過程，才能在每一次的嘗試中，逐漸找到屬於自己的商機。《精實創業》強調邊走邊看、從回饋中學習，任何事情不論成敗，都是要付出行動之後才會知道。這種思維假設：人不可能掌握所有狀況，但是只要願意多下幾次注，就能增加勝出機率。

麥當勞其實不是速食業

現在讓我們以速食業為例，練習看看，思考速食業的「意義」是什麼？如果你想開間餐廳，或是更具有企圖心一點；想開一家速食連鎖餐廳，在你思考Logo設計、餐點特色，以及裝潢風格等一切細節之外，我建議你，其實更重要的問題，是去思考你所規劃的內容，其所代表的「意義」是什麼？讓我們看看速食業龍頭麥當勞的例子，在它的商業模式之中，是不是隱藏了一些不為人知的秘密？

「你不是賣漢堡的，你是做房地產的。」這句經典台詞，出自描述麥當勞創辦人雷・克洛（Ray Kroc）的傳記電影《速食遊戲》。據悉，全球麥當勞有五成以上的營收，並不是來自速食業，而是來自於房地產交易。相較於速食業的說法，你是否認為房地產業更有策略性，也更接近於「意義思考」。

凡事有先見之明與後見之明。一件事情的「意義性」，經常要經過多年之後才會逐漸顯發。此時，世人也才逐漸理解原來在一切事物的表相之外，背後有著更獨特的概念正在發酵。在這個世界上，多數人只有後見之明，甚至直到最後也渾然不覺。所以人們總是感嘆：「千金難買早知道。」

不論企業或個人，如果能養成對於事物本質進行「意義思考」的習慣，就能擬出與眾不同的經營方向與獲利模式，甚至可以提前發現未來。「意義思考」等同於策略思考，不僅是麥當勞，在各行各業之中，都有著類似雷・克洛思維的經營者。外人經常看不透他們在做些什麼、如何賺錢，但是公司發展卻能蒸蒸日上、日進斗金。

後面第五章將說明「意義思考」的基本公式，也就是找出最可能出現「絕佳意義」的思考方向。本案例中，從「房地產業」而非「速食業」的思考方向切入，即屬於「採取不同分類」的作法。

「意義思考」是獨特且具有洞察性的觀點，它也代表領導者的先見之明。如果有一天，當你利用這種思考模式發現產業中尚且無人知曉的秘密時，請默默地去落實，別大聲嚷嚷。因為，這種觀點可能成為公司的中長期策略，直到多年之後才被競爭對手看破。

當雷・克洛看清「速食業」所代表的「意義」，不只是「速食業」，而是「房地產業」時，關於這個洞察，你覺得價值多少錢？相較於其他速食業者，這種思考是不是更具有策略性？

從「意義思考」的角度探討精實創業

「意義思考」對於快速原型的看法

「意義思考」強調知行合一，認為讓雙手跑在大腦之前是危險的，當我們為了降低門檻而快速行動之時，也同時增加了繞路的可能性。「意義思考」並非以降低原型難度之方式來增加行動力，而是經由審慎地洞察本質，等到發現無人探索過的秘境，再帶著這股興奮感，滿心期待去完成這件事。「意義思考」認為：只要想法的誘因夠強，導致的行動力也就夠強。

「意義思考」對於軸轉的看法

「意義思考」不是依據市場反應再快速調整想法，是經由深度思考潛在市場需求的可行性。「意義思考」認為：真正獨特的創新活動，勢必離開目前已知的需求。在全新概念出現，直到市場接受之後，人們需要一段時間的適應期。因此，採取軸轉作法，可能在等待市場接受的發酵期間，就因為反應不佳，而提前放棄了一個好想法。

「意義思考」對於驗證式學習的看法

「意義思考」認為經由對想法本質性的深度觀察，可以發現潛在需求與驗證市場可行性，並非只能採取親身試驗的作法。「意義思考」強調謀定而後動，而且最好一次就做對，而非反覆進行驗證、不停修正。

從長期的時間成本來看，「意義思考」認為縝密思考，可以節省不斷調整方向（軸轉，Pivot），以及重新啟動造成的浪費。「意義思考」認為：在《精實創業》中，強調多下幾次注的觀念雖然是件好事，但是伴隨每次下注，都代表需要付出更多的時間成本與資金成本。在這些嘗試之中，其實大部分是可以經由大腦思維進行預判的。

成為雙峰工作者的必要工具

職場工作者進行幕僚作業時，事前準備工作可分為：規劃、製作、調整等三個階段。依時間分配比例，可區分為：「單峰工作者」與「雙峰工作者」。

「單峰工作者」選擇花費較少時間於「規劃」思考與方向「調整」，將較多時間集中於「製作」階段。採取這種工作模式者，概略時間比例分配為：規劃百分之二十、製作百分之六十、調整百分之二十。如圖3-1所示：

「雙峰工作者」選擇把時間花在前後兩端，先進行徹底通盤思考之後，再快速進入製作階段，之後再花較多時間進行收尾優化。採取這種工作模式者，概略時間比例分配為：規劃百分之四十、製作百分之二十、調整百分之四十。如圖3-2所示：

整體而言，採取「雙峰模式」的工作者，通常比「單峰工作者」更具有工作

圖3-1 「單峰工作者」的時間分配比例

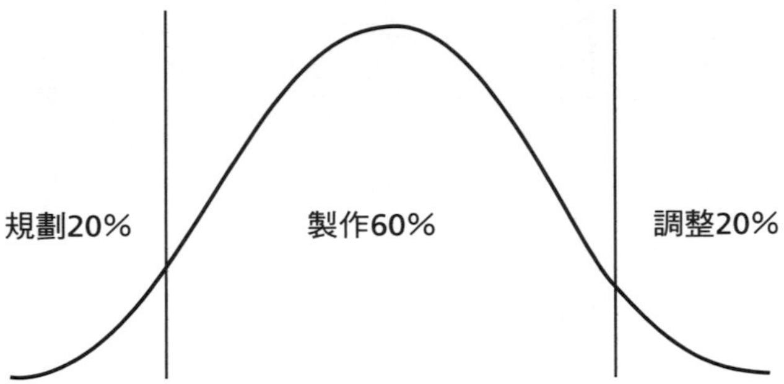

圖3-2 「雙峰工作者」的時間分配比例

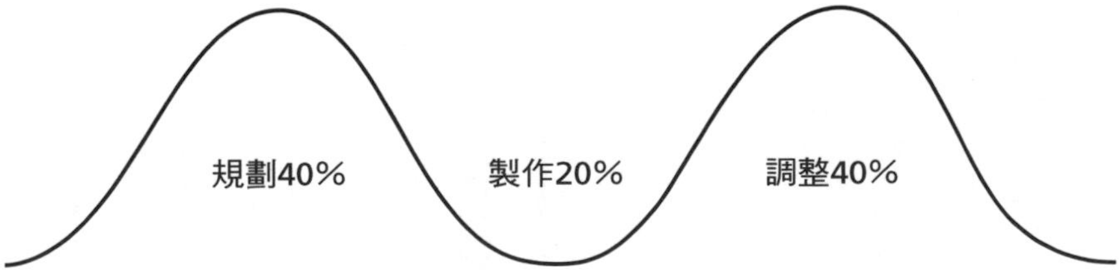

效率。這類型溝通者會花費較多時間搞清楚狀況，接著快速形成草稿（或產品雛型），最後再花費較多時間進行後續內容優化。

反觀，缺乏效率的「單峰工作者」，由於疏於事前規劃與事後調整，並選擇在製作階段浪費大量時間，最後可能因為沒想清楚而重新再來一遍。「意義思考」強調：凡事做好源頭管理，先追求「方向性」，後追求「效率性」。

我們要從台中前往台北，如果只是一味地強調速度，最後可能抵達的目的地是高雄。所以，先釐清大方向，找出北上月台才是最重要的步驟。任何規劃活動的根本目的，就是為了更有效率達成目標而進行的刻意降速。所以，「意義思考者」認為：凡事多想一點，就能少改一點！

做好起始點的思考整理

如果從管理循環模式（Plan、Do、Check、Action，PDCA）的角度來看，「精實創業」強調Do、Check與Action，而「意義思考」則強調Plan流程的Thinking。「精實創業」的好處在於快速行動，能提早讓事情發生，但是也可能因為思考深度不足而變成行為莽撞。

「意義思考」不是要求規劃者一定要把整件事情的邊邊角角全部想過一遍，但是絕對強調做好起始點的觀望，尤其把其中最重要的「意義性」進行看破。「意義思考者」會把想法的本質先想清楚。它認為目標對象或是消費者，未必清楚自己要些什麼，甚至有些需求根本尚未出現於現實之中。詢問與調查只能解決眼前已知的問題，卻無法打破現況，並且開創出美好未來。

大腦是個好東西。許多事情只要想得夠徹底，不必經由市場實際驗證，就能進行想法可行性的推演判斷。人們可以仿效神農氏嘗百草的精神；經由親身嘗試，以受傷跌倒的方式來學習，這種作法雖然令人印象深刻，但是也要付出昂貴代價。

除了行動力，人們也擁有預想能力與邏輯思維力，我們能以思考方式避免親身體驗錯誤。所以「意義思考者」相信：人可以自己保佑自己。利用腦內的模擬作業，可以取代大多數的現場驗證。

當今規劃思考與新產品開發的顯學中，不論設計思考、精實創業、敏捷式開發等，幾乎都強調速度至上的重要性。但是，追求速度可能也是製造麻煩的開始。「光想不做」與「光做不想」都是跛腳。動得太快，容易錯誤百出、浪費時間；想得太多，容易沉浸思考，最後導致畫地自限、裹足不前。王陽明先生五百年前提出的「知行合一」的理論，不論世代如何演進依然適用。

人類一直學不會的事情

規劃者請試著以「意義思考」，而非「快速行動」，作為創造一切事物的開端。如果你打算以一年時間開發一款APP，那麼絕對值得你用一個月時間去思考一些基本問題，例如：這個APP的「意義」到底是什麼？人們為什麼要使用這款APP？這個APP與其他同性質的軟體，有著怎麼樣的差異性？……先找出一個讓自己滿意的答案，再以這個全新概念建構後續一切想法。快速行動不會要你的命，只是會讓你多走許多冤枉路。建議規劃者在大腦與雙手、構思與行動、多下幾次注與減少折返跑之間，取得一個妥善平衡點。

我們也可以從料理的角度來看。如果想準備一頓能令賓主盡歡的大餐，最好將所有材料先準備好，再下鍋烹煮；而不是邊準備菜、邊下鍋，再同步思考今天要吃哪幾道菜。事前準備勝過即興創作，一家米其林三星的餐廳，其餐點的美味程度，不是由廚師下鍋之時決定，而是在開店營業之前，就已經完成了大部分動作。

回到我們熟悉的辦公場景，再想看看，多數人規劃簡報內容的作法，不就是採取「精實創業」的精神嗎？大家都是想到什麼先記錄下來，然後打開PowerPoint快速完成，再問看看主管有沒有意見，接著來來回回反覆修正。對於快速啟動導致的往返調整，你覺得累嗎？以這種方式建構出來的內容品質又如何呢？在永無止盡的修改過程中，能產生簡報的整體邏輯性嗎？

採取快速啟動的規劃法，其結果只是浪費許多時間進行無效溝通，而且最後結果經常是這裡加一筆、那邊加一劃的大雜燴。大多數職場溝通，都是採取「由下而上」的方式建構而成。這樣的內容沒有中心思想、沒有洞見，因此算不上是簡報，它們只是「加開外掛總動員」。

人們探討事物的成功因素時，總是不斷地想了解其中的奧秘與訣竅，卻忽略一個根本事實：事前的準備動作與深度的本質思考，才是邁向成功的主要關鍵。如何進行一個良好的事前規劃作業，說起來容易也困難。容易，在於你只要不跳步驟，正常去做就好。困難在於循序漸進、按部就班，一直是人類最不容易學會的事情。

三種說服力溝通層級

規劃想法時，不論採取快速行動（打開PowerPoint或是精實創業）、便利貼、心智圖，或是強調「本質探索」優先的「意義思考」；最後建構出來的結果，可依想法完整性、策略性與說服度，區分為三種溝通層級：一、最低階「拼湊羅列」。二、中階「標題展開」，以及三、最高階「意義思考」。如圖3-3所示：

最低階：拼湊羅列

你的簡報屬於哪種風格？如果沒有太大意外，八成是走「混搭風」。當然，這是一種比較好聽的講法，至於難聽的說法呢？多數人的簡報，根本就是一團混亂。

圖3-3　三種說服力溝通層級

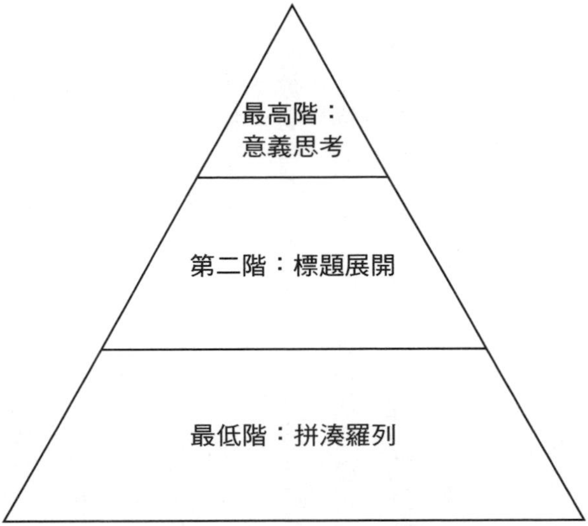

你提供別人的簡報屬於哪種版本？都常是大家無法理解的「暗黑版」。

當人們接到指令開始進行規劃作業時，許多人的第一個動作不是打開PowerPoint，就是拜請Google大神，先將所有想法與資料湊合成堆之後，再重新調整順序與組織想法，直到最後完成整個想法規劃。採取這種不斷衍生內容的擴張性作法，即屬於「拼湊羅列」的溝通模式，在說服力的金字塔層級中位居最下層位置。

人類是難以學會循序漸近的

動物，多數人不是習慣跳過某些步驟；就是上演忽前忽後的迷蹤步。採取「拼湊羅列」規劃法，是所有建構方式中結構性最鬆散，卻也是最多人所採取的方式。他們視規劃為一種蒐集、堆疊與整理資料的過程。

當溝通者以「拼湊羅列」方式進行規劃程序時，內容與內容之間事實上是各唱各的調，在這些想法中間並沒有一個共同的根，也沒有團體默契可言。因此，最後發展出來的內容，其實是飄蕩浮動的。依「拼湊羅列」方式產出的內容，缺乏一個共同基礎，簡單來說就是一盤散沙。

不過大多數溝通者搞不懂，這種採取「拼湊羅列、節外生枝」的建構方式，就是造成別人聽不懂的主要原因，也是造成聽覺混亂的罪魁禍首。如果你的想法之間方向四射，甚至互相牴觸，就會造成他人的理解障礙。如果表達者想打造一個無障礙溝通空間，所有想法之間就不能處於分裂狀態。因為，整體概念不是累積一切事物的總和，而是一體之下的全部。

片段思考的聚集組合，最終必定帶來理智斷線。「拼湊羅列」是依據隨機浮現在腦海中的想法順序，以及手邊能夠蒐集到的素材製作而成，所以想法之間缺乏垂直與水平方向的連結關係。採取這種方式，最後會導致想法處於高度混濁狀態而無法進行有效溝通。「拼湊羅列」的溝通模式只提供他人無數的線索，卻沒有打造出一張航海圖，導致自己在準備階段耗費了許多時間，最後卻創造出一個謎團。

第二階：標題展開

除了多數人採取的「拼湊羅列」建構法之外，也有少數思維嚴密的工作者，會以組織圖或心智圖的方式，讓主要想法從「標題」處開始，以由上而下的方式進行層層拆解，當結構性發展完成之後，再依據各層級結構，加入相關內容及資料佐證想法。

這類縝密性的規劃法中，最具代表性就屬麥肯錫顧問公司的MECE（Mutually Exclusive Collectively Exhaustive，MECE）思維工具。MECE認為一個嚴謹而完整的想法體系，想法之間應該達到相互獨立、無一遺漏的分類狀態，它強調一件事情的方方面面、每個角落，都應該徹頭徹尾想過一遍，並且在分類上不能發生概念重疊或是缺漏情形。簡單來說，就是最好讓自己罹患「分類強迫症」。

只是，對於規劃者而言，單純將事情分類清楚是不夠的，我們還必須創造價值。況且，一個完整性的事物並不是成功保證，而且經常與失敗相關。架構完整的內容因為數量過多，所有內容重點等量齊觀，而造成無法分辨、印象不深刻。過於強調完整性的事物，最後將掉進大腦主動篩選並且拒絕記憶的迴路之中。這就是我們討論以心智圖作為建構工具時，可能產生的問題。如果一份簡報的投影片高達五百頁，雖然在結構方面完美無瑕，但是也等於什麼都沒有說明。

任何溝通所追求的共同目標，不是「完美無瑕」，而是「大致正確」。也就是說，真正的重點只有少數，大多數內容不需要主舞台，只要讓它們靜靜地待在某個角落就夠了。

依據「標題展開」的內容能帶來完美結構，但是完美架構也意謂著冗長與通殺。「標題展開」屬於無差別的溝通模式，容易因為掌握到了全部重點而沒有抓到任何重點，最後導致溝通過程軟弱無力，下台之後無法記憶。追求完整性，最後只會忘得一乾二淨。

這個世界所發生的一切現象，只有少數事情是均質性的，大多數事情都符合冪次法則（Power Law）。例如：八〇／二〇法則告訴我們，這是一個寡頭長尾的世界，百分之二十的人可能擁有全球百分之八十的財富，甚至更為極端。這個法則套用在追求溝通的有效性上，告訴了規劃者們：如果你想掌握重點，表達者的首要任務，就是找出區分「重要的少數」與「不重要的多數」之間的那條分界線。

所以，我們可以看清楚一個事實真相：麥肯錫的MECE思維，或是依組織圖展開的內容，都只是一種讓你思維更加細密無縫的「過程」工具，但是卻不適合作為最後呈現的「溝通」工具。畢竟，我們不是活在一個常態世界，這是一個變態、有權重、傾斜的世界。之後，也許讀者們仍習慣採用MECE思維、組織圖、心智圖等作為想法建構工具，但是別忘了，在後續流程中仍要搭配「冪次法則」（先依重要性排序，再挑選出少數重點），才能讓溝通更有效地傳達出去。

最高階：意義思考

依據「標題展開」的內容想法，不論是由上而下展開的組織圖，或是由內外而輻射的心智圖，都屬於完整的溝通，但並不是有效的溝通。分類雖然能夠讓事情變得有條有理，卻無法產生說服力。當你的內容擁有了超完美結構，充其量也只是一本大部頭的教科書，卻不是能打動人心的故事書。

第二階「標題展開」的溝通層級，適用於教學、流程、操作步驟之類的內容敘述。但是如果表達者要進行高效率的溝通活動，你會發現什麼都講了，也相當於什麼都沒講。在商業溝通活動中，不是能把話講得清楚完整，就會產生說服力。

從「意義思考」的角度觀察。實際上，大多數溝通是一份未完成的溝通。因為，規劃者必須在分類結構之外，再賦予這件事情一個脈絡性，才等於完成整個概念邏輯。內容有「結構性」，不見得代表它有「邏輯性」，因為，邏輯＝結構＋脈絡。也就是說，想法的品質不僅在於細節分類的好壞與完整性，也在於提案策略與想法之間的「連結強度」。

讓我們再次回到之前討論過自我介紹的例子。「拼湊羅列」就是採取東抓一點、西抓一點，想到什麼就放進什麼的建構方式，這種作法完全沒有想法的形塑能力。「標題展開」就是以自我介紹作為主要「標題」，接著向下展開分類，分為：學歷、經歷、資歷等三個部分；之後再針對學歷繼續展開，分為：國小、國中、高中、大學等經歷及資歷的內容，也是採取相同作法，不斷向下進行分類作業。

提供別人想法之前，自己要先走出來。「意義思考」認為「標題展開」是一種完整但是卻未完成的溝通歷程。規劃者如果要完成溝通的最後一哩，就必須為想法找出一個「意義性」，例如：「我是一個勇於挑戰舒適圈的人」，之後再以這個頭緒，去收斂相關的學歷、經歷、資歷等細節內容。

讓溝通獲得最有效的成果

「標題展開」與「意義思考」的差異，就是「總和」思維與「系統」思維的差異。在想法與想法之間，「標題展開」所呈現出來的是一種表列關係，而「意義思考」則是一種共生關係。在「總和」關係中，整體等於部分的集合。在「系統」思維中，整體大於部分的集合。以四百公尺接力賽為例，解釋兩種思維的差異性。

全球一百公尺世界紀錄，是由短跑名將「牙買加閃電」波特（Usain Bolt）於二〇〇九年柏林世界田徑錦標賽中所創下，時間為九．五八秒。如果我們把這個成績當成人類在地表上奔跑的能力極限，那麼，四百公尺接力賽，世界記錄的上限應該是多少呢？是九．五八秒乘以四個人等於三八．三二秒嗎？

實際上，四百公尺接力賽的世界紀錄為三六．八四秒，由牙買加隊於二〇一二年倫敦奧運所創下。為什麼在接力賽中，能夠超越個人能力極限的總和？因為第二、三、四棒跑者都可以提前起跑，減少了從零啟動所需要的時間。因為接力賽是一種「系統性」的運動。

在這個例子中，我們可以看見「系統大於數量總和」的運作原理。這個觀念說明：如果事情能夠轉換成為一個系統，就能帶來許多額外的綜效。所以第七章內容將探討當想法利用「意義思考」，從「總和」關係轉換成一個「系統」之後，對於溝通就能產生許多的外溢效果。

人類的思考活動依據視野性可分為：妄念思考、完整思考，以及系統思考等三種類型。在「拼湊羅列」的思維中，想法之間組合怪異，屬於妄念思考層次。在「標題展開」的思維中，想法雖然結構完整，但是容易造成過度完整，屬於完整思考層次。在「意義思考」的思維中，所強調的是一種「匯入技術」，屬於先把事情看透之後，再整理出來的「系統思考」。

什麼是溝通？溝通就是把複雜或完整的現象，回歸到單純且正確的概念。表達者利用「意義思考」掌握一切事物的源頭，去找出主幹與枝葉之外的那個東西，就能讓任何溝通產生一個讓人瞬間理解的「明點」。

一個有效的溝通應該是什麼樣子？首先，不要讓自己活在「拼湊羅列」的流程，採取不斷附加及衍生的方式發展內容。也不應該從標題處展開內容，企圖通殺的結果只會造成解析度過高，最後造成「清楚到不清楚」的溝通窘境。

有效的溝通不必貪多，在「意義思考」的觀點裡，大多數的溝通只要能把一個主概念講解清楚就已足夠。只是大部分溝通者沒有把這件事情做好，甚至從未意識到這件事情的重要性。

重點結論

不論建構任何想法，規劃者都需要完整經歷：蒐集、發散、收斂、組織等四個程序。依此流程的完整度，區分為：最低階的「拼湊羅列」、第二階的「標題展開」，以及最高階的「意義思考」等三種不同溝通層次。各種溝通模式可以使用一種圖形作為代表，說明如下：

•最低階的「拼湊羅列」

「拼湊羅列」的代表性圖形為「草圖」，代表性工具為簡報軟體或是便利貼。這類型的規劃者因為只有低度視野，所以深陷於細節與數據之中，於是採取東拼西湊、拼裝成堆的方式建構想法。這類規劃者，在蒐集、發散、收斂、組織四個流程中，以隨機方式走完蒐集、發散與組織等步驟，並且漏掉了最重要的收斂過程。「拼湊羅列」屬於品質最差的建構模式，也是多數人所採取的作法。

•第二階的「標題展開」

標題展開的代表性圖形為「組織圖」。這類型的規劃者具有中度視野，視建構想法為由上而下、層層展開的過程。採取這種作法，能為每個想法都找出清楚且合理的位置，並且完成定位關係。依據「標題展開」的規劃者，在蒐集、發散、收斂、組織等四個流程中，以結構性的方式完成蒐集、發散與組織想法等步驟，但是仍缺少了第三個收斂程序。在所有規劃者中，只有少數人能依照「標題展開」方式發展內容，這種作法內容雖然清楚，但是仍面臨溝通時，時間性、系統性，以及說服力等的問題挑戰。

● 最高階的「意義思考」

「意義思考」的代表性圖形為「藏寶圖」。這類型的規劃者認為，當所有資料蒐集完成後，需要為整體內容先找出「意義性」，接著再刪除與「意義」不相關的元素。任何表達者必須先完成這道收斂程序，才能接續展開後續內容，因為收斂想法是建構有效溝通流程中最重要的部分。人們看得愈近，就容易看得愈少。能夠進行「意義思考」的溝通者具有高度視野，能完整走過蒐集、發散、收斂、組織等四個流程，並為所有內容建立一個「集體共識」。採取這種作法的溝通者，能提供對方整理過後的懶人包，因此能讓傳遞想法的過程變得了無障礙。

採取「由下而上」的規劃法，容易造成想法斷點；採取「由上而下」的規劃法，容易導致內容大量發散。不採「拼湊羅列」、不依「標題展開」；而是以「意義思考」收斂想法，才能展現溝通的說服力與組織性。有想法，更要會組織想法。其中，最重要的關鍵，在於如何將一切想法，從一個單純的「排列組合」，到完成一個「匯入體系」。

在溝通的世界裡，蒐集、發散、組織等步驟只是基本過程，唯有收斂想法才是王道。PowerPoint屬於資料呈現時的表達工具，便利貼屬於蒐集、分類及組織想法的工具，組織圖與心智圖屬於想法縝密的結構型工具。所有上述工具之中，沒有任何一種作法，能夠協助規劃者進行想法收斂。當規劃者漏掉這個關鍵步驟時，溝通就會潛藏沒有策略與抓不到重點的風險。這就是我們每天日常之中，看到大多數溝通的共通性問題。

溝通者好比是廚師，主要任務在於代客料理並且賦予食物美味，而非提供他人豐富新鮮的食材組合。以「拼湊羅列」與「標題展開」方式規劃想法，充其量只是完成整理程序，卻沒有產生任何加值作用。蒐集資訊只能豐富內容，整理想法只能讓人理解，唯有進行「意義思考」，讓所有元素在一個「獨特觀點」之下展開，才能產生說服力與進行有效溝通。

不要企圖說明太多重點，同時也要避免大量錦上添花。在一個成熟的溝通裡，一切內容之間，應該要有一個始終如一的概念貫徹其中。大多數溝通者其實不理解自己的主要任務是什麼？身為溝通者的主要任務，就是想盡辦法找出想法的「意義性」。這個極小東西，在溝通裡卻占了最大部分，只要講到了事情的「意義性」，你就講到了一切內容。

第4章

「意義思考」的實際操練

事情要有點難度，生活才會有樂趣。
進行「意義思考」時，不要急於找到答案，
沒有經過一番寒徹骨，
得到的也不會是最佳答案。

「意義思考」的內在條件

高度的探索意願

好的「意義思考者」是解密者、探索者、發現者、自尋煩惱者。他們並非全知全能，但是相信每個產品與服務的背後，都隱藏著一些不為人知的秘密，而這些秘密，只留給極少數的有心人去發現。因此，他們帶著好奇心踏上旅途，直到看出事情端倪、破解世俗定見之前，絕不放棄、永不罷想。

好的「意義思考者」也是一個大智若愚者，他們具有「無知之知」（Not-Knowing）的智慧，不論面臨的課題是難是易，都習慣對於事物的本質性提出質疑。即使答案看似明顯可見，都會再次進行重新發現。即使面對那個再熟悉不過的自己，站在鏡子前面都會重新思考一下，鏡子裡的那個人究竟是誰？

「意義思考」將規劃歷程視為一趟尋覓之旅，而非資訊蒐集與整理內容的過程。因此，擁有高度探索意願，比起具備這項能力更為重要。「意義思考者」具有十足的好奇心，相信萬事萬物的背後，一定有個更高、更好的主軸想法。

如果對於發現事物的本質，擁有好奇心與探索意願，你已經是半個「意義思考者」。如果還能擁有足夠的耐性進行長時間探索，那你已經具足了優秀思考者的全部要件。你相信任何事情和月亮的背面一樣，都存在著一個秘密等待著有心人去發現嗎？你是否願意逼著自己去尋找？如果缺少這個部分，你將永遠無法一窺「意義思考」的究竟義。

進行耐力思考

貪心、怕死、沒耐性，是人類溝通時最常犯的三種毛病。因為貪心，所以什麼都想放進來。因為怕死，害怕內容不足會被K，所以什麼都想放進來。沒耐性，所以無法按部就班地走過每一個步驟，以及無法與重要問題之間進行長期相處。

規劃者要進行「意義思考」，很簡單也很困難。簡單，在於你只要願意去想就可以了。困難，在於你要能夠想得夠久、經得起時間煎熬。對大多數人而言，他們其實擁有「意義思考」的潛能與所需要的一切能力。只是，他們的耐性不夠強、屁股不夠硬，無法想到不能再想。在專業的世界裡盡是瘋子，成功者經常以變態的方式存在。有大困難才有大成就，如果想讓自己成為一個更好的「意義思考者」，就必須試著與無盡的黑暗相處，並且擁有比他人更多的思考耐力。

【練習一下】

請針對車子是什麼進行「意義思考」，如果有特定喜歡的車種，例如：跑車或是休旅車，可進行更聚焦的「意義思考」；亦可針對某一車款思考本質性的問題，思考該部車子的意義是什麼?請試著以「一句話」的方式，描述完成這部車的所有特點。

每年全球汽車市場，約推出兩百至三百款新車。其中，大部分車款都被廣告行銷人員賦予了一個「獨特意義」，讓它們能在眾多競爭對手中，顯發出獨特的生命力。

關於車子的「意義思考」，從汽車市場中整理幾種說法如下：

- 車子是A點到B點的移動工具。這個答案分數很低，雖然說法百分之百正確，但是完全無法展現出思考深度。
- 轎車外表、跑車靈魂。這是一家歐洲高級車廠，對於旗下高性能房車所進行的「意義思考」。這個答案很棒，指出了許多男性在日常生活中，也有機會體驗在賽道上的速度感。
- 幸福房車。多年前，一家車廠對於休旅車的「意義思考」，這個答案也很好，解釋了在一個較大的移動空間中，較多的成員、寵物等，一起共同出遊時的感覺。
- 其他說法：進化的總和、遇見下一個全新的自己……

規劃者要把腦洞打開來，看見每個事物背後的「意義」，都存在著銀河系數量等級的可能性。畢竟，我們的大腦就是一個小宇宙，而它永遠不可能被抽乾。汽車是什麼？人們是不斷追求意義的動物，對於許多男人而言，車子不只是車子，它不僅是一個會移動的鐵盒子，更不只是單純的代步工具。對他們而言，車子更像是小老婆。車子怎麼變成了小老婆？但是，你是否覺得這種描述，比起前述答案更加地正確？而且更加地有魅力？

再舉其他例子。擁有一部重型機車，是許多男人一生中一定要追尋的夢想。如果你想說服好友一起加入騎乘行列，你能夠以「意義思考」方式，找出獨特的詮釋點去說服他人嗎？你要如何將自己親身體驗到的駕馭感受，傳遞給一個零經驗值的人呢？下面這個說法你覺得如何？有人說：「騎重機是地表上最接近飛行的體驗」。如果針對騎重機進行「意義思考」，你能提供一個比上述說明更好的答案嗎？

「意義思考」的最佳作法

「意義思考」是一種你必須認真去看、認真去找，它是你必須歷經千辛萬苦之後，才可能發現的東西。「意義思考」是一種高度仰賴後勁型的工作，它遵循一項自然界的重要法則：「量變造成質變」。如果以白話來解釋，就是：你要從一堆爛東西之中，才可能發現好東西。

如何為事物找出一個好的「意義」？以開放的心態加上無限的耐性，就能想出最好答案。「意義思考」的重點技巧，在於避免讓自己的大腦存在著「單一揣測性」。

也就是說，你需要在別人看不見的地方痛下功夫，先要求自己當個徹底的失敗者。你要讓大量想法先死在自己的大腦之內。最後，才可能出現一個絕世想法。

「意義思考者」相信文火慢燉的力量，相信在物理過程中將會產生化學變化。當想法的數量到達某個臨界點時，就會異想天開產生突變，出現一個截然不同的觀點。時間是一切的關鍵因素，因為它能把一切的不可能轉化為可能。

以更多的投入時間產生更多的想法數量，而想法的數量能夠確保產生多元觀點，而多元觀點則是產生絕佳「意義」的最佳作法。

「意義思考」的發展階段

人們進行「意義思考」時，想法深度會經歷三個發展階段：第一階段「膝蓋反射期」、第二階段「理性思考期」，以及第三階段「變異思考期」。當人們剛開始思考時，處於「膝蓋反射」的淺層階段，所得到的想法經常只是直覺反應與基本常識。接著，逐漸進入探究各種可能性的中程階段。最後，隨著想法數量的持續增加，在某個時間點將產生全新的洞察觀點。

所以，我給予「意義思考者」的建議是：你最好不要採用前面出現的一百個想法。那麼第一個想法呢？當然就更加地不建議使用了。因為，第一個答案通常都是眾所皆知的答案。多數人習慣輕易下結論，在「意義思考」的世界裡，五花八門的想法才是致勝關鍵。關於「意義思考」，重點不在於發現標準答案，而是尋求最多元化想法的可能性。

測試自己的人格特質

為什麼多數人不耐久想、無法堅持，無法想到最後一刻。因為我們的大腦習慣處於待機與關機之間的「省電模式」；而非讓自己變得更好的「上進模式」。人們的大腦是個懶惰蟲，它喜歡放空、超連結與胡思亂想。大腦不喜歡在同一件事情上長期糾結。

「意義思考」是一種帶著痛苦成分的燒腦活動。等待、挫敗與撞牆，是構成「意義思考」的主要部分。如果人們可以選擇，多數人寧願選擇「動手」而非「動腦」。對於許多人而言，他們能夠連續跑上好幾個小時，卻無法靜坐在桌子前面十分鐘。判斷你是否具有「意義思考」的人格特質，請試著填寫下列十個問題，回答「是」的題目，每題以一分計算：

1. 對於產生想法主軸，我能夠堅持並想到提案前的最後一刻？ □是 □否
2. 我注重想法品質，希望自己提出的想法能夠與眾不同？ □是 □否
3. 在規劃流程中，我會以最多時間進行想法的「意義思考」？ □是 □否
4. 我是一個擅長多元思考的人？ □是 □否
5. 我能夠與自己長期獨處，並能體會到思考的樂趣？ □是 □否
6. 我能將一個問題長期置於心中，並且反覆進行推演？ □是 □否
7. 我相信想法的品質來自於數量的累積？ □是 □否
8. 規劃想法時，我會找出一個主軸以貫穿所有內容？ □是 □否
9. 我會針對普世價值觀提出質疑，並且提出自己的觀點？ □是 □否
10. 我喜歡突破表相，探索事情背後的「意義性」？ □是 □否

計算結果：

- 總分七分（含）以上：非常好，你已經具備成為優秀「意義思考者」的高度潛能。

- 總分四至六分：還不錯，在思考時間上要再多點堅持，試著產生更多的想法數量，就能逐漸邁向「意義思考」成功之路。
- 總分三分以下：從現在開始加油！為了成為「意義思考者」，加強耐力思考以及培養自己與問題本質長期相處的能力，是你現階段最重要的任務。

【練習一下】

請思考桌子的「意義」是什麼？

或許，從有人類的那一天起，世界上就有了桌子。它從一塊大石頭開始，進化到具有各式各樣的功能。「意義思考」與我們的距離不遠，它就在日常生活之中。思考看看，你所認為的桌子就只是桌子嗎？桌子除了是放置東西的平台，或是家人吃飯聊天的地方？桌子還存在著怎麼樣的「意義性」?「意義思考」就是習慣去挑戰思考中的理所當然，我們要視一切的平凡為不平凡。

桌子是個人成就的起點。很多成功人士的閱讀、學習、思考，以及規劃未來，都與書桌習習相關，它是能讓很多事情發生的起點。

桌子是家人情感的交集點。家人大多數時間各忙各的，只有吃飯時間才能聚在一起進行感情交流。

桌子是讓人類能夠長時間固定相同姿勢的輔助工具。因為人類的生理構造不同於外星人。人類無法久站，如果要長時間做一件事情，就必須利用桌子及椅子進行輔助，以減少脊椎的承受力。

桌子是一種輔助室內主視覺的設計工具。桌子不只是桌子，餐廳的燈光也不只是燈光，而是整個室內空間的主視覺，桌子即是與這個主視覺進行搭配的重要設計元素。

上述幾個答案，你覺得哪種說法比較好？如果要說服外星人開始使用桌子，哪種說法比較能夠打動他？不過，更重要的是，你能覺得上述答案其實都不太好，而相信自己能提出一個更好的觀點嗎？

桌子可以有無限種定義，在每種定義之下，規劃出來的產品形式與功能性都會大不相同。從上述幾個範例中，你能隱約感覺到「意義思考」與市場商機的關聯性嗎？如果你願意持續思考這個問題，甚至有可能發現人類到目前為止，這個傢俱不為人知的秘密，而以全新概念設計出劃時代的桌子。

「意義思考」跟酒的品質是一樣的，如果讓想法待在大腦橡木桶裡的時間愈久，想法品質就自然愈好。和自己來場心智的馬拉松吧！挑戰看看，你能以一個星期、一個月，甚至一年時間，持續思考這個問題嗎？如果你願意接受這個挑戰，或許一年之後，你將成為世界上最了解桌子內涵的人。

「意義思考者」相信，雖然「意義」產生是採取不確定時間的「瞬間完成」模式，但是所付出的時間仍將與收穫呈現正比關係。只要等待得愈久，捕獲的獵物也將愈加肥美。「意義思考者」相信，苦惱的成分愈多，想出來的爽度就愈高。不論任何領域，愈成功的人，背後一定有著更長的身影。一流的「意義思考者」在他的大腦深處，充斥著盡是高頻率的頭痛與滿腹的挫折感。

「意義思考」的失敗與成功

為什麼人們進行「意義思考」時，總是習慣草草結束、無法深思？主要基於以下三個原因。原因一、無法忍受不清不楚，不願意在黑暗處久待，渴望早日真相大白。原因二、對於時間效益敏感，不容許時間浪費在等待上，看不見任何具體產出。原因三、缺乏時間管理觀念，也就是自我紀律鬆散，導致思考怠惰。

原因一，無法忍受不清不楚

人們面臨混沌未知的情形時總是心生恐懼、急於求解，期盼早日找出事實真相。相較於發現秘境時的樂趣，多數人更喜歡朝向簡單明確的道路直線前進。人們不願意在黑暗中久待，只期待黎明早點到來。「意義思考者」是擅長心智長跑的馬拉松選手，能把一個問題久懸心中，並能忍受覺醒前的漫長等待與結果未知的不確定感。

不只白色才是力量，暗黑也是一股力量，所有痛苦都同時夾帶著美好。所以「意義思考者」願意在黑暗處久待，他們相信寶藏就在黑暗盡頭，沒有走投無路，就沒有柳暗花明！

原因二，習慣追求效率

繼全球暖化之後，個人也隨之暖化。在現代社會中，氣溫不斷上升的同時，人心也跟著躁動。快！快！快！任何事物都要馬上見效。凡事要立即好笑、重點要快速知道、答案要立馬揭曉，連追個劇最好都能以兩倍速的播放方式快速觀賞，這樣才能縮短一半知道結局的時間。

但是，追求效率卻是「意義思考」的最大天敵。在「意義思考」的玩命關頭裡，溝通者需要的不是「速度與激情」，而是「時間與耐性」。思考上的速食文化，會是「意義思考」品質的最大殺傷力。效率工作者習慣急於揭曉答案、破迷解霧，在包子還沒蒸熟前就急於打開鍋蓋。注重效率的工作者，經常為了搶速度，卻丟了高度。因此，好的「意義思考者」經常是無效率的工作者，因為這種思考模式不同於其他工作，它有著獨特的過程與完成模式。整個「意義思考」的過程是如此產生的：

首先，規劃者要在內心深處相信，每件事情的背後，一定暗藏著一個秘密寶藏等待人們發現，或是隱約感覺到整件事情其實並不單純，它的背後應該有個更好的大概念。這種體會到思考空間上的可能性，能夠觸發人們探索想法內涵的意願。

接著，規劃者開始逐步進行想法探索，根據所蒐集的資訊進行各種思考方向測試。此時，關於想法的拼圖碎片開始逐一浮現，但是所有片斷卻無法形成一個完整輪廓。

之後，規劃者持續思考下去，會發現自己不論從哪個方向切入，所得到的答案都可以接受但是卻不滿意，心中總感覺好像少了些什麼。最後，再經歷過無數次的方向測試與心智煎熬之後，在某個神秘時刻出現時；一個概念突然從天而降、直擊腦門，而所有的拼圖碎片在那個瞬間，將突然形成一幅清晰畫面。此時，所有細節也將同時歸位，一切的疑惑迷茫也頓時消散於無形。

老天給你的禮物總是用困難來包裝。當這個時刻來臨時，如果你衝得過去，你將對於所有內容的想法了然於心，內心十分篤定地知道，自己終於找到了長期以來，一直在尋找的「那個東西」。對於「意義思考者」而言，他們願意心有掛罣、陷入深淵，甚至長時間被一個問題反覆困擾，就是為了等待這個「神秘瞬間」出現。

「意義思考」是一種瞬間完成模式

進行「意義思考」時，大多數的工作時間要不是仰望天空就是低頭沉思。這種行為模式，看在許多人的眼裡，似乎非常的沒有效率。不過，實際上也的確很沒有效率。「意義思考」這種思維模式存在著一種不確定過程與終點的時間長度，沒有任何山雨欲來般的前兆，但是可能在任何時刻結束。「意義思考」屬於「瞬間爆衝」型的工作模式。如圖4-1所示：

「意義思考」不是依照一分耕耘、一分收穫的「積沙成塔」模式（圖4-2），而是採取「瞬間完成」的頓悟模式。效率工作者習慣進行專案管理，眼睛盯著甘特圖

圖4-1　「瞬間爆衝」的工作模式

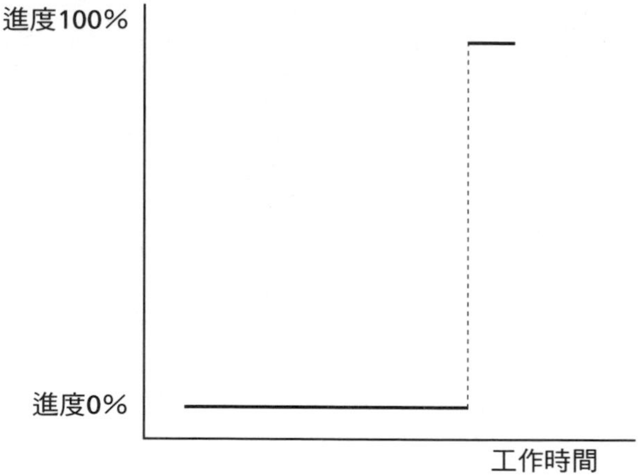

上的日期進度，隨著時間推進，同時看著結果逐步發生。「瞬間完成」的工作模式，不但無法在工作進度上進行視覺量化，而且無法確定結束時間。

在這個世界上，大多數的工作模式就像是領薪水，具有一定程度的可預期性。而「意義思考」比較像是中樂透的感覺。在沒有找出答案之前，「意義思考」幾乎百分之九十九的努力都是付諸流水、直接歸零，但是在最後一刻答案揭曉時，成果效益瞬間從零跳到百分之百。

如果以運動型態進行譬喻，

圖4-2 「積沙成塔」的工作模式

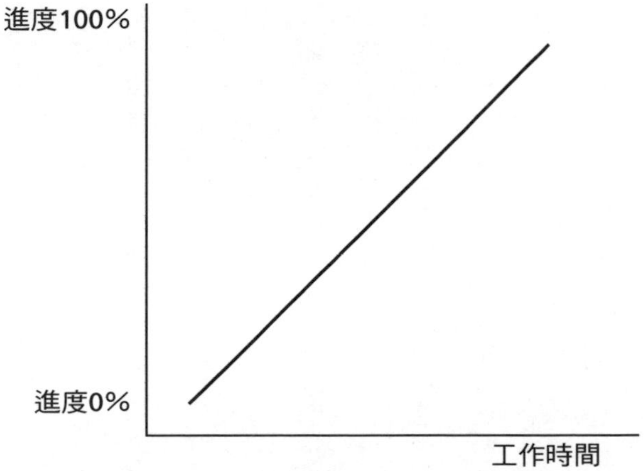

「意義思考」不是賽跑而是釣魚，大多數的時間都在等待而非前進。因為這種思考方式在「投資成本」與「報酬效益」之間的因果關係並不顯著，所以無法確認究竟要等到什麼時候。因此，在效率工作者的眼中，「意義思考」是一種浪費時間，而且看不出任何進展的思考活動。

【練習一下】

「意義思考」是把一切想法先以高濃度方式壓縮成「一句話」，之後再來個大爆炸，還原出一切想法。「意義思考」是一種歸納細節與總結想法的力量。請讀者在經歷任何活動流程（聽說讀寫）之後，以「一句話」的方式，結論所有過程內容。

例如：閱讀完一本書之後，請試著以「一句話」的方式摘要出全書重點；參加一場研討會之後，將講者所有演說內容總結成「一句話」；看完一場電影之後，以「一句話」的方式總結所有劇情內容。

「意義思考」是一種化繁為簡、重點摘要的能力，它能讓複雜想法變得極度透明，使別人在最短時間內體會到整體內容的菁華。「意義思考」經常以「……，簡單來說，就是……」的句型方式存在。請試著把上述練習，套入這個句型之中。

例如：

●關於一本書的「意義思考」：「這本書，簡單來說，就是說明『採取工作組合方式』，才是未來的職場趨勢。」只要這麼說，我們可能已經把十萬字的書本內容，濃縮成了「一句話」。

●關於一部電影的「意義思考」：「這部電影，簡單來說，就是『侏儸紀公園與暮光之城』的結合。」只要這麼說，我們可能已經把一百二十分鐘的電影，濃縮成了「一句話」。

●關於一場研討會的「意義思考」：「這場研討會，簡單來說，就是說明『核能發電與綠能發電』即將進行整體趨勢反轉。」只要這麼說，我們已把一整天八小時的研討會議程，濃縮成了「一句話」。

紀錄片《赤手登峰》（Free Solo），記錄了攀岩運動家亞歷克斯・霍諾爾德（Alex Honnold）以徒手方式，攀爬優勝美地國家公園高達九百一十四公尺酋長岩的驚險過程。為了完成這項人類創舉，他以十年時間進行規劃，再以一年半的時間進行練習。如何以一句話的方式為這部電影下「定義」？一位記者的答案如下：「這部紀錄片證明了人類可以憑藉著萬全準備，來克服內心恐懼。」我欣賞這個「意義思考」。

當你為事物找出「意義」時，溝通就從「建構模式」轉變為「趨近模式」。採取這種作法所衍生的眾多好處之一，就是能讓溝通突破對象限制並且創造出時間彈性；不論一分鐘、十分鐘、三小時……，都能讓重點始終維持在相同軌道。因為在一個有效的溝通裡，不論時間長短，只是說明的細節程度有所不同，但是大方向始終不曾改變。

再以前述的例子進行說明，看看「意義思考」如何突破「對象」與「時間」的限制。對於高時間成本的溝通對象而言，一本書我們只要花三十秒時間說明「採取工作組合方式，才是未來的職場趨勢」，就完成了所有溝通。如果對象是一般職場工作者，就先說明「採取工作組合方式，才是未來的職場趨勢」，接著再利用十五分鐘時間，說明「意義思考」之下，所延伸出的三個主要概念。而如果對象是讀書會成員，對於書籍內容深感興趣，則在三小時的溝通時間裡，我們依然是先說明：「採取工作組合方式，才是未來的職場趨勢」，接著在這個概念之下，整理出三個主要概念，之後再加入更多的案例、故事、細節資訊等內容。

一個有效的溝通，不會因為時間長度不同，而改變了重點方向。不論三十秒、十五分鐘，或者三小時，我們對於這本書的「意義思考」並沒有改變，只是在深淺度上有所不同。於是乎，我們超越了兩個溝通時的最大障礙，即「對象」與「時間」。

發呆與無聊也是一種前進

有些事情需要從行動中體驗，有些事情必須在寧靜中體會。你是一個追求效率的工作者嗎？你喜歡熱鬧開趴？還是喜歡獨自思考？你喜歡積極作為？還是能夠擁抱無聊？你能夠獨處嗎？你喜歡獨處嗎？

對於很多人而言，他們天不怕、地不怕，就怕無聊。他們相信人類是快速逃離無聊的動物，因此習慣以許多的即時小娛樂（特別是手機）及瑣事來解決無聊。對他們而言，或許行動很困難，但是等待、什麼都不做，比無聊更加痛苦。

「意義思考者」所停下來的時間，遠大於向前走的時間。積極兩個字對他們而言，經常意謂著：等待、雜思妄想、方向測試，甚至什麼事情都不做。一個頂尖的「意義思考者」相信：人只要能夠安靜下來，就能從安靜之中發現一些東西。「意義思考」主要憑藉的就是一股安靜沉潛的力量！

人多的地方不要去，讓自己多點時間獨守空閨，多點時間無所事事，少滑點手機，多點兩手空空。「意義思考者」具有空性觀念，相信一動不如一靜。想要無中生有嗎？那就必須先擁抱虛空，一切從沒有開始，才能開始創造出一切。

採取「拼湊羅列」與「快速啟動」的規劃者，其實是一種自殘行為，在還沒搞清楚狀況之前就完成內容的作法，只是為自己預先埋下一顆不定時炸彈。「意義思考」為了讓後續努力能夠發揮正確功效，因此，建議規劃者最好能在構思初期處於被動狀態。而這種被動狀態，才是主動狀態與最佳狀態。

原因三，缺乏時間管理與自我紀律

除了無法忍受不清不楚的感受與凡事追求效率優先，不當的時間管理觀念，也是造成規劃者無法進行耐力思考的主要原因。他們在這場「意義思考」的挑戰中，失敗於自我調整能力不足。也就是說，在提案過程中，他們不是輸給了競爭對手，而是敗給了自己。

雖然，在這個世上有許多困難事情，但是大多數的難度只有一個；就是自己。許多限制因素都是從自己的內心開始。缺乏自制力者，不知道有效管理自己的注意力與行動力，是創造「意義思考」與開啟一切美好事物的必要條件。

缺乏時間管理與自我紀律的工作者，經常來自於以下三個問題：第一、忙碌：時間有限，但是要做的事情太多，最後導致無法掌握事情的優先順序。第二、拖延：染上怠惰惡習，即使擁有充裕時間，卻優先選擇去做一些有趣但不重要的事情。第三、相信最後一刻的爆發力：做事情刻意踩底線，認為最後一刻完成的急迫感能夠激發人類潛能，產出好構想。以下，針對這些問題進行說明：

問題一，忙碌

世界上大多數事情都是不公平的，但是時間卻是眾生平等的東西，上至皇親國戚下至販夫走卒，大家都是二十四小時。習慣以忙碌當藉口的人，經常只是因為無法區分事情的輕重緩急。具有「要事先做」的觀念，才能避免讓自己淹沒在枝微末節的小事之中。

忙碌是因為時間出了問題，但是時間從來不會出問題。所以時間的問題就是時間管理的問題，而時間管理就是個人管理的問題。即使我們再忙，都不可能比蘋果公司創辦人賈伯斯更忙，如果他都能在新產品開發階段，抽出大量時間進行「意義思考」，一般普羅大眾規劃想法時，應當更有時間思考「本質性」問題。

別讓自己過著如同螞蟻般的人生，很忙，但是卻忙得貧乏、忙得沒有深度；也別把忙碌當藉口，認為有時間再去做。重要的事情別總是等到有時間再去做，而是去做了就會有時間。進行任何事情的規劃作業時，請試著「從量轉質」，把真正少數重點的事情，以更多時間做得更到位。

要讓自己、讓產品擁有更獨特的競爭力，你勢必要具備「意義思考」能力。雖然事情總是太多，時間永遠有限。但是，身為一個「意義思考者」，還是必須學習如何優雅地活著。

「意義思考」具有讓觀點全面進化的能力，它也是企劃人亙古不變的基本功。讀者有空時，也不妨思考一下時間管理的「意義」是什麼?在下一章的內容中，我們將以此作為練習題，進行時間管理的「意義思考」。

問題二，拖延

相較於忙碌與優先順序管理不當的問題，因為怠惰所造成的拖延就較不可取了。人口中約有百分之二十的比例具有此種習性，他們不論有事沒事，社交軟體、手遊與網路趣聞，永遠排在首要順序，而處理正事總是次之。具有習慣性拖延的規劃者，只要輕鬆容易的事情一出現，就會馬上轉移注意力。

人們經常自己為難自己，凡事喜歡拖延的人，總是活在更大的壓力之下。因為，在他們的心中同時要面對兩種壓力。第一種：事情截止的壓力，這是所有規劃者都會面臨的壓力。第二種：擔心事情進度的壓力，這是拖延者自己創造出來給自己的壓力。任何規劃者如果沒有做好日常生活管理，以最多時間進行「意義思考」，將會喪失讓許多美好事情發生的機率。

問題三，相信最後一刻的爆發力

也有部分構思者相信：將規劃作業安排在最後一刻完成才能得到最佳效果。相較於拖延成性，他們的理由較為情由可原。在這些人的觀念裡，相信急迫感等同於創造力，這些人喜歡在高空中走鋼索，體驗截止前，最後一刻完成交件的成就感。

這類型的規劃者，活在「人為難度」加上「虛幻的成就感」的幻覺之中。不要放火燒自己，事情難度是固定的，選擇在最後一刻完成並不是事情難度，而是人為難度。當事情循序漸進完成時，規劃者不見得能體會到成就感，但是當生死關頭出現時，在鐵門拉下之前遞件，反而能讓許多規劃者體驗到最後一刻完成的成就感。人類真是奇妙的動物！其實，這只是自己為難自己之下，所創造出來的虛幻成就感。仔細想想，讓自己擁有高品質想法的成就感，應該比起完成事情的成就感更為重要才對。

時限壓力帶來的急迫感，的確能幫助人們更有效率地處理事情，但是不適用於「意義思考」的思考模式。因為，工作任務有兩種類型：「解決問題」與「產生想法」。前者屬於定義清楚、目標明確的任務類型。此時，急迫感能讓人排除周邊訊息，以關閉視野的方式讓人們更能集中火力，以找出標準答案。而「意義思考」所尋求的是開放性選項，目標在於追求想法數量的極大化，它屬於「產生想法」的任務類型，因此急迫感帶來的想法自閉，只會限縮視野，讓思考範圍更加窄化。

心力覆蓋率與「意義思考」的品質

對於「意義思考者」，養成即早開始是十分重要的思考習慣。因為你無法改變事情的截止日期，但是可以決定何時開始。一個具有穿透力的洞察，來自於規劃者的心力覆蓋率，也就是當你接到任務時，在規劃起點與終點之間，總共付出了多少心力，如圖4-3所示。規劃者的心力覆蓋率與「意義思考」的品質之間，具有高度的正相關性。

心力覆蓋率＝思考起點與終點之間的時間／交付任務與任務截止之間的時間

圖4-3　「意義思考」的心力覆蓋率概念

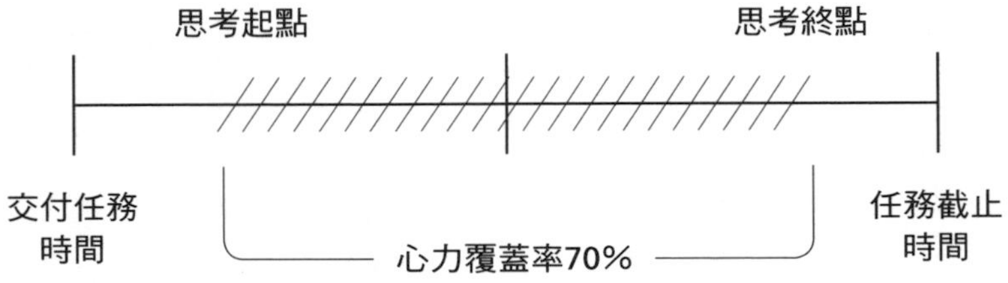

「意義思考」不是勞力密集型的工作，但卻是勞心密集型的工作。因此，能夠在多久之前開始是成功的關鍵。一流的「意義思考者」相信，只要提早一點開始準備，就能擁有更多空間，而更多的空間能讓人的頭腦清醒，想法百花齊放。

回想一下，自己最近一次的規劃案是如何完成的？你的思考起點與思考終點落在4-3圖形的哪個位置上？也不妨設想一下，假如今天接到一個指令，主管要你在兩個月後，提交一份新商品開發企劃書，你會從哪天開始進行「意義思考」？是從明天開始？還是先讓青春放水流兩個星期，之後再看心情決定何時開始？如果你是正常人，上述所預估的時間還算保守，因為大多數工作者會讓大腦先放空一半時間；

也就是說，從接到任務起的一個月後，才會開始啟動規劃作業。

太多的「意義思考」失敗於太晚開始，又太早結束。古人言：「天道酬勤。」讓自己處在最辛苦、甚至最糟的情況時，才可能出現最好結果。如果你願意用盡全力思考，就會有兩股力量同時幫助你：「意識」與「潛意識」。除了清醒時，大腦的意識能幫助你產出想法之外，忙於其他事情，甚至於睡覺，你的潛意識也將持續為你工作。認真的「意義思考者」能夠啟動潛意識為自己工作，這就是產出高品質想法的重要關鍵。

沉澱期的重要性

除了發奮圖強，適度休息也能提升「意義思考」品質。有時候，什麼事情都不做，反而最有生產力。當然，有些休息就只是小憩片刻，而努力之後的暫停，就會變成一種前進。早一點開始想，再堅持想到最後一刻，中間再多留給自己一些離開現場的時間，就能讓想法充分進行發酵，產生高品質「意義」。

「意義思考」不是逐步完成，而是瞬間產生。在這個看似神秘、不可預期的過程中，其實規劃者可以使用時間管理與工作態度的技巧，去產生計劃性的偶然，進而提升最後產出的想法品質。

重點結論

本章內容討論如何進行「意義思考」。擁有好奇心、喜歡探究想法本質，能夠進行「耐力思考」，就已經具備成為「意義思考者」的所有條件。只是大多數規劃者因為時間管理觀念不清，或是思考耐力不夠，以致於無法進入「意義思考」的最高殿堂。

成功，就是把最重要的事情做到極端，其餘事情做得差不多好。放眼世間，值得我們傾注洪荒之力去做的事情其實不多，而「意義思考」就是其中之一。規劃者最重要的任務，就是做好想法的源頭管理。很多事情可以輕鬆掠過，但是「意義思考」這件事情，是永遠無法進行Cost Down，為了得到一個完美結局，它值得我們投注大量心力去探索。

事情要有點難度，生活才會有樂趣。進行「意義思考」時，不要急於找到答案，沒有經過一番寒徹骨，得到的也不會是最佳答案。先把問題暫存心中，再以長時間進行思維醞釀。「意義思考」是一種必須用盡全力後才能體會的心法。而你為它所吃過的苦，以及死去的無數腦細胞，都將在未來成為一份最高價值的禮物。

好的「意義思考者」，身後都有一個巨大而孤獨的背影。他們擅長人間蒸發，多數時間只是靜靜地倘佯在專屬於自己的小宇宙中。他們相信：世界變化愈快、心就要愈靜。多留給自己一點放風時間，多一點深度思考，才能想別人所不能想，見別人所不能見。

活在十倍速的時代，凡事都被表面掠過。「意義思考者」卻選擇了逆向操作法，以慢工出細活的方式進行「本質思考」。為了讓自己成為更好的「意義思考者」，規劃者必須吞下這顆「耐心惡魔果實」，如果你能擁有與事物之間長期相處的能力，你就擁有讓自己一輩子受用的能力。

第 5 章

「意義思考」的公式與練習

本章內容從實務演練與案例蒐集之中，
歸納出九種「意義思考」最可能出現的方向。
內容包括：更高一階、銜接至下一個階段、關鍵時刻、
重新定義、採取不同分類、歷史中的獨特性、
最後一塊拼圖、重中之重，以及多方交集。

掌握公式，勝過盲修瞎練

要為想法產生一個好的「意義」，可分為長效作法與短效作法。第四章提及的內容屬於長效作法，建議規劃者從練好基本功做起，讓自己能夠長時間隱身暗處進行「意義」開採，直到想到面目全非、整個大腦亮起來為止。本章內容說明短效作法，提供讀者快速進入「意義思考」領域的捷徑。

運用公式找出捷徑的好處

短效作法不是從思考的本質面下手，而是找出捷徑，從已經發展出來眾多較好的「意義思考」範例中，反向歸納出一個「好意義」最可能出現的思考方向。做任何事情，努力與否其實並不是重點，而是先要確認自己在正確的方向上進行努力。對於剛進入「意義思考」的初學者而言，比起毫無頭緒、天馬行空的摸索，採取短效作法能提供以下兩種好處：

好處一、應急使用

在最理想的構思環境中，「意義思考者」應該具備充足的時間資源，在沒有任何時限壓力的情形下，如同哲學家般地進行深度思考；也就是說，只要擁有足夠的時間資源，就能讓一切事情發生，轉化不可能為可能。但是，在現實條件之中，時間除了是最常見的限制條件之外，甚至也可能遇到臨時交件的突發狀況。

短效作法是面臨時間壓力或是被下最後通牒的情形下，規劃者不一定只能選擇一個差強人意的答案。如果臨時通知明天就要提案，如何讓自己將有限的時間資源押注在有效的方向，產出一個至少八十分的答案。此時，「意義思考」公式提供的思考方向就能發揮功能，甚至輕易地打敗大多數競爭對手。

好處二、銜接長效作法

「意義思考」屬於抽象式思維，既沒有標準答案，也沒有固定產出模式。因此，對於初學者而言，較難掌握其中訣竅。不過，相較於盲修瞎練、無所適從，選擇從幾個最有可能的方向切入「意義思考」，將是鍛練規劃者基本功的有效作法。

「意義思考」的基本公式

以下幾種思維方向，是我從歷年教學之中；執行過上百場「意義思考」工作坊實務演練，所歸納出來的基本公式。

從這些基本面向進行思考，除了能以一個整體概念（也可視之為溝通時的敘述邏輯）帶出所有細節，同時也能強化行動呼籲（Call to Action），產生說服力。

公式一：往更高一階思考，找出一個比現狀更大的東西

「更高一階」的思考方向，就是去找出一個比現狀更大的東西，去超越競爭對手與產業觀點。提出「更高一階」的思維，就意謂著你的想法高人一等，比起他人更具有宏觀視野。溝通，就是一種「超越表相」的過程，藉由讓自己站在制高點，採取居高臨下的姿態俯視其他競爭對手。更高一階是「意義思考」公式中，出現機率最高、應用範疇最廣泛的思考方向。

是不是覺得自己的公司，不論在產品、服務、行銷等許多面向，都能同時超越競爭對手？但是，即使你的內容講得再多，客戶卻依然無法感受到說服強度。此時，不妨將幾個面向整合起來，發展出「更高一階」的想法，例如：「策略性夥伴」。相較於東跳西跳的敘述方式，其實溝通者只要把這句話講清楚，接下來的說明就能明白無誤。但是，如果表達者沒有把這句話點破，對於他人而言，就只是大量的瑣碎片斷。

相較於說明公司與客戶之間，屬於「產品代工」關係；「策略性夥伴」即為

「更高一階」觀點。在這種敘述邏輯之下，說明了與其他競爭對手的差異性。不論他們的營業規模是大是小，所提供的服務也僅止於委託製造這個單一面向。而「策略性夥伴」的切入角度，代表本公司除了提供「產品代工」這個基本功能，還給予客戶其他面向的更多服務。當這個重點被有效凸顯時，也提醒了客戶對於代工者的評估角度，不能停留在價格單一元素，其他綜合面向裡的特點（例如：參與共同研發、分享產業機密資訊、提供財務協助……），也應該納入整體考量。

「更高一階」的代表性視覺圖形為對照式的衛星圖，如圖5-1所示。它將其他競爭對手以單點方式呈現（圖形左側），對照出自己是一個具有全方位視角的服務提供者（圖形右側）。經由單點與全面性的對比，展現出壓倒性的競爭優勢，進行說服他人採取行動。

「更高一階」的思維，經常以「……『不僅是』……，『更是』……」的句型方式出現。例如：「我們『不僅是』代工廠，『更是』您的策略性夥伴」。這個公式以「……不僅是」去否定一般的世俗觀點，接著再以「更是……」登場，以強調自己構想的獨特性。

在此必須再次強調：別讓「意義思考」淪為包裝話術。從這個思考方向切入，

圖 5-1　「更高一階」思維的代表性圖形

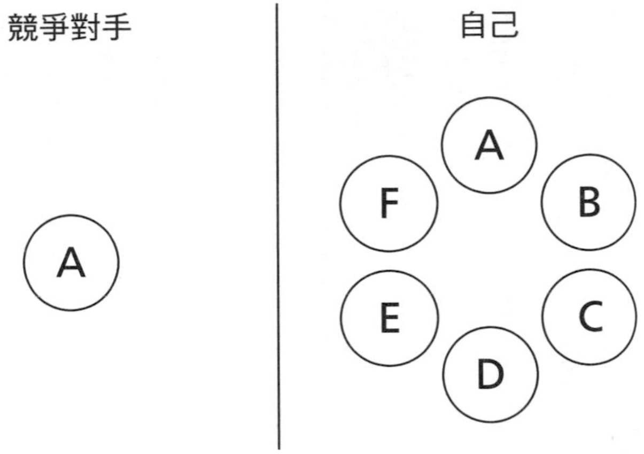

並不是把自己沒在做的事情，講得跟真的一樣，而是去發現這個事實：長期以來，我們一直比競爭對手做得更多、服務更好。原來，這麼多的用心服務並「不僅是」服務態度良好，而是因為我們選擇站在「策略性夥伴關係」的思維去持續這段關係。因此，我們不只是執行「代工指令」，還為客戶創造了許多「附加價值」。

溝通者即使講了再多內容，如果少說了「策略性夥伴關係」這句話，所有內容都將成為一盤散沙。如果溝通者講到了這句話，整份簡報也就確實掌握到了「重點」，甚至連後續即將說明的一切內容，都進行了事前預告。

其他「更高一階」的「意義思考」範例如下：

1. 便利商店：我們「不僅是」銷售日常生活用品，「更是」您方便的好鄰居。
2. 防毒軟體：我們提供的「不僅是」防毒軟體，「更是」資訊安全。
3. 簡報遙控器：這「不僅是」遠端遙控設備，「更是」拉近台上與台下之間距離的溝通工具。

【練習一下】

請思考公事包的「意義」是什麼？就你的觀察，公事包對於上班族的「意義」，是否只是裝入一些職場生活中，所需要使用的相關物品？你覺得男用公事包與女用公事包所代表的「意義性」是否相同？如果由你負責開發一款新型公事包，你會如何開始展開規劃動作？或是預做哪些準備功課？你有打破坊間對於公事包「意義」的勇氣與企圖心嗎？還是認為公事包就只公事包，沒什麼值得傷腦筋？

為了讓自己成為一位更好的公事包設計師，或是更高水準的前期規劃者。你不該只是從觀察歐洲流行產業的最新趨勢，或是上Pinterest.com（一個提供設計參考的網站）搜尋其他人的相關設計。然後，找出一些流行符號與設計語彙，再以不著痕跡的方式，將參考來的想法融入自己的設計之中。當然，如果你只是想交差了事，或是對於自己作品的要求度不高，採取這種借鏡作法並沒有錯，也很有效率，輕鬆打！

但是，如果你想要做一些不同於以往的事情，或是要求自己以「作品」而非「工作」的心態做事，甚至想在天地間，留下一些自己曾經活過的「證明」，那你所要做的第一件事，就是進行「意義思考」，從問一個基本問題開始：公事包的「意義」是什麼？人們為什麼要使用公事包？同樣是公事包，男用與女用的公事包在「意義」上其實大不相同。對於女性使用者而言，在使用「意義」上會更接近於配件，主要用於搭配活動場合或是服裝穿著。但是，對於男性使用者而言，公事包在「意義」上，則更貼近於行動辦公室。

「穿著配件」與「行動辦公室」屬於兩種截然不同的「意義思考」。因此，設計師最終規劃出來的公事包也會大相逕庭。在這個概念下，我們可以預期女用公事包的設計重點在於整體考量的搭配性，而男性公事包的設計重點則在於機能性，空間、夾層與收納性。

如果你想成為一名更好的「意義思考者」，就要習慣去否定現況與已知，將視角拉高到別人眼界所不及的位置。所以，男性公事包「不僅是」公事包，「而是」行動辦公室，這種「意義思考」思維，就是從「更高一階」的視角出發，以Zoom Out方式進行擴大本質性思考。

公式二：銜接至下一個階段的思考方向，把現在當成未來

「銜接至下一個階段」的思考方向，就是說明：現在，就是未來。這個公式的基本假設是：歷史的發展不是永遠朝向直線前進，每隔一段時間就會進行階梯式跳躍。如果目標對象想要達成永續經營，不想被時代的洪流吞噬，就必須離開舒適圈，並在此時此刻做出方向轉型的決定，為「銜接至下一個階段」進行準備動作。

不論任何產業，產品或服務，所有事物的發展趨勢皆是「演算法」加上「階段式創新」，如圖5-2所示。當新產品剛開發出來時，會依循漸近主義逐漸進行改善（演算法階段），隔了一段期間之後，就會進行跳階式升級（階段式創新），以全新概念重新架構想法。此時，能完成產業升級的公司就能順利存活，跟不上時代腳步的公司就會慘遭淘汰。

「銜接至下一個階段」的敘述邏輯，是藉由回顧以往產業的發展歷程，接著再說明公司的目前處境，最後強調當前處於跳階式升級的前夕，為了接軌未來產業趨勢，現在必須進行升級決策，以做好因應未來的準備。

圖5-2　產品與服務的發展趨勢

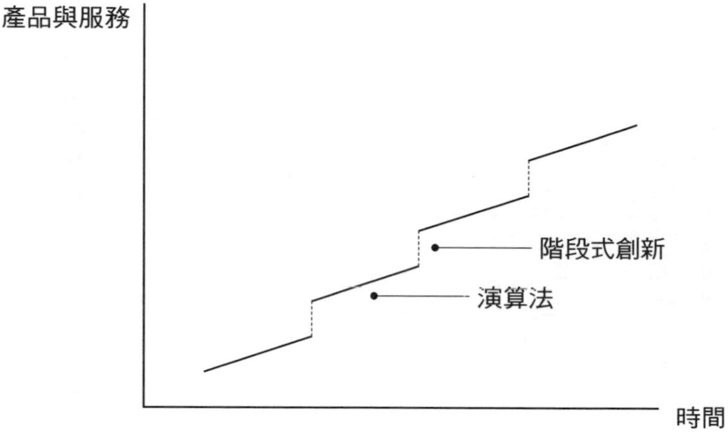

例如在一個海外擴廠的建議案中，提案者首先需要著墨的重點，不是新廠的產能大小、廠址選擇，或是設備費用等細節規劃。如果直接說明這些內容，簡報者就會被高階主管指責：「不知所芸、講不到重點。」對於決策者而言，比起上述內容更重要的是：海外擴廠這件事，對於公司而言，所代表的「意義性」是什麼？這個舉動對於市場變化，或是對於公司未來的經營方向，會產生怎麼樣的影響改變？

因此，在這個提案中，完整的敘述邏輯不是採取單刀直入方式，說明海外擴廠的相關細節，而是先說明這個產業目前所處的市場概況，從早期經歷了「生產」導向，之後步入了「銷售」導向，目前處於「服務」導向階段，而在不久的將來，即將邁入「價值提供」導向階段。

所以，在此次提案中，一切內容其實只存在一個真正重點：即此次海外擴廠所代表的「意義」，是「讓公司產品能從目前的服務導向，銜接至下一個階段的價值提供導向」，這句話就是此次提案最重要的概念，而後續的內容說明，也應該緊扣這個主題，然後向下展開所有想法。也就是說，在這次說服過程中，先讓目標對象掌握住「銜接至下一個階段」的概念，之後再陸續說明建廠規劃、選址決策，以及建置成本等內容，才是正確有效的溝通法。

「銜接至下一個階段」的代表性視覺圖形為階段圖，如圖5-3所示，這種「意義思考」類型不以特定對象作為競爭對手，而是將重點置於能跟上整個產業的未來發展趨勢。

「銜接至下一個階段」以階段圖顯示目前公司所處的位置，以及目標對象同意後，所能達到的全新高度。這個「意義思考」公式是經由提出「下一個階段」的願景，來呼籲目標對象應該採取行動。其他「銜接至下一個階段」的「意義思考」範

圖5-3 「銜接至下一個階段」思維的代表性圖形

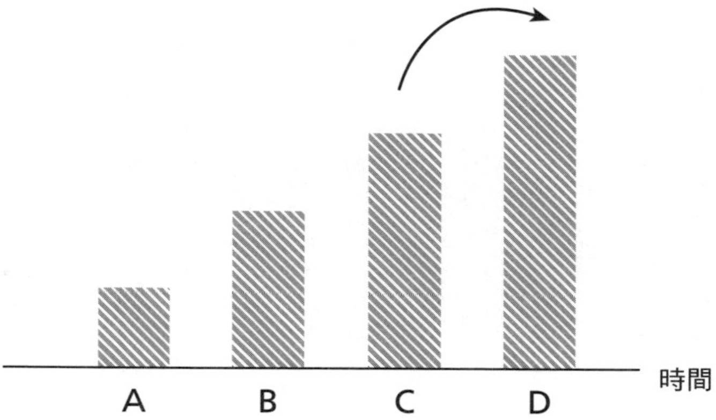

例如下：

- 電信公司軟硬體設備投資案：電信產業過去從行動電話（1G）、簡訊收發（2G）、圖文傳送（3G），發展至目前的移動視訊（4G），為了「銜接至下一個階段」：萬物聯網（5G），所以需要進行軟硬體的設備投資。
- 零售通路升級方案：從草創期的實體通路，發展至十前年的網路通路，目前處於虛實通路的整合階段，為了順利「銜接至下一個階段」：無人商店，所以需要進行零售通路的改造升級。

- 生產設備採購方案：電子螢幕歷經從CRT、LCD等發展歷程，目前進入PDP階段，為了「銜接至下一個階段」：OLED，所以需要進行新設備投資，以接軌未來的市場主流趨勢。

公式三：尋找關鍵時刻的思考方向，從最佳進場時間切入

相較於「銜接至下一個階段」是在同一個發展方向上直線前進。「關鍵時刻」則屬於替換式創新，它宣告一個時代即將結束，另一個時代即將開啟。「銜接至下一個階段」是同類性質的能力升級，改變主要來自於科技力量，就像遊戲機PS3與PS4之間，不同世代產品的設計概念差異。而「關鍵時刻」則像是CD走入歷史，而MP3時代全面來臨。

「關鍵時刻」的敘述邏輯，主要說明事情經過了一段期間的醞釀之後，新舊兩股力量即將來到趨勢反轉的轉捩點，也就是主流與支流之間即將進入「主客反轉」。因此，提案人提醒決策者在此「關鍵時刻」的時間點，必須做出大方向的轉型決策，已避免公司的產品或服務沒有跟上時代步腳，而成了末日黃花。

例如：在歷次選舉活動中，電視、報紙等傳統大眾媒體的影響力，仍是候選人進行行銷宣傳的主要管道，而網路媒體則扮演著配角的角色，充其量只是整個媒體組合中的一小部分。但是，隨著時間逐漸推移，在此次選舉活動中，網路媒體與大眾媒體的重要性，進行了主輔互換，網路聲量反而成了最重要的宣傳指標，而傳統媒體的影響力則在逐漸變小當中。

在上述案例中，如果我們要針對某次選舉活動進行觀察報告，重點不在於說明候選人如何結合網紅拉抬網路聲量，或是利用自媒體進行直播，而是拉近與年輕朋友的距離。在眾多的網路行銷操作手法之外，最重要的是指出大眾媒體與網路媒體在此次選舉中，已經來到黃金交叉的「關鍵時刻」，之後再加入個人觀察與案例分析整理進來。如果在分析中，缺少說明「關鍵時刻」這個最重要概念，則說明再多的網路行銷手法，也只是眾多的案例說明，沒有直指出整件事情的重點。

「關鍵時刻」的代表性視覺圖形，是由上升及下降兩條曲線所構成的黃金交叉，如圖5-4所示。「關鍵時刻」的敘述邏輯為：識時務者為俊傑，與其在夕陽產業中苟延殘喘，不如即早迎接明日朝陽。由此「意義思考」類型所發展出來的敘述邏輯有以下兩種：

圖 5-4　「關鍵時刻」思維的代表性圖形

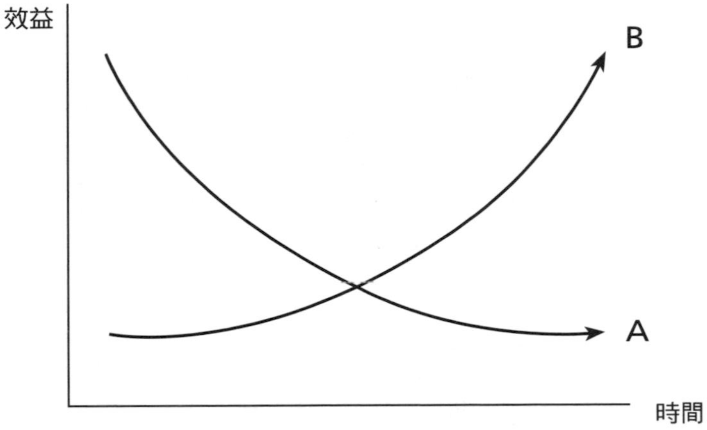

第一種、啟動轉型策略

如果自家公司的產品或服務處於即將消失的一方（A曲線），則需要強調從現在開始，如何分階段進行比重調整，說明應逐步降低對於現行產品的依賴性，並且逐漸增加未來產品的投入比例。對於處於「由優轉劣」之對象，在溝通過程中，也要對決策者傳遞出「此時不做、更待何時」的急迫感。

第二種、最佳時間點

如果產品屬於即將覺醒發亮的明日之星（B曲線），則敘述重點在於強調此趨勢並非曇花一現，而是根據長期驗證、多方觀點確認後，所產生的明確趨勢。同時也需要強調，經過長期布局累積之後，目前即將進入快速成長期，也就是說，對於目標對象而言，這將是大舉進軍新興產業的最佳進場點，所以此時做出行動決策，可以快速取得最大邊際效益。

其他「關鍵時刻」的「意義思考」範例如下：

- 太陽能產業投資企劃書：說明核能發電與太陽能發電兩個產業之間，即將進入黃金交叉的「關鍵時刻」，以此為主要敘述邏輯，再鋪陳說明後續內容。
- 通路產品規劃策略提案：說明二〇一八年起開始出現人口反轉，人口死亡率超過出生率，正式進入老年化社會。在此「關鍵時刻」，企劃單位應該逐步改變店內產品銷售比例，減少幼兒商品種類，並持續開發更多的銀髮族商機。

公式四：從「重新定義」的方向思考，溝通者必須是擅長定義者

在各行各業中，大師級人物所探索的問題，不僅止於工法或是外觀。他們通常花費最多時間進行事物的「本質性探索」與「重新定義」。如同許多建築界巨擘，所思考的問題不只是材料力學與建築結構，而是界定建築物與人之間，以及建築物與大自然之間的關係。

當賈伯斯開發iPad時，首先思考的問題並不是功能要如何強大、外形要如何美觀，消費者才願意掏錢買單。而是思考iPad在智慧型手機以及筆記型電腦之間，它的「存在意義」是什麼？為什麼人們在已經擁有了手機與筆電的同時，還需要使用iPad這個裝置？

最終極的專業能力，就是對於事物的「定義」能力。「意義思考者」擅長對事物重新下定義，伴隨每一次的定義，都代表他們對於原本事物的重新詮釋。「重新定義」的思維，代表規劃者從全然不同的角度進行底層翻新，以打破世俗定見的作

法，重新建構了原本大眾所認知的想法體系。規劃者如果習慣對於想法進行「意義思考」，那就表示伴隨著每次的「重新定義」，都有可能開啟一扇全新的機會大門！

例如：思考室內溫度控制器的「意義」是什麼？人們在怎麼樣的情形下會去使用它？它所代表的「意義」是控制室內溫度的高低，還是調整空調風扇轉速的快慢？你能對這個存在於牆上已久的空調裝置進行「重新定義」嗎？請試著以全新角度，看待這個溫度控制設備。

有「iPod之父」稱號、曾於擔任蘋果公司資深副總裁期間，主導iPod研發設計的東尼．法戴爾（Tony Fadell）認為，人們會想要去調整那個空調裝置，並不是因為想要控制硬體，或是調節溫度高低。人們是為了讓自己處於一個「最舒適的室內環境」而去使用它。所以，針對溫度控制器進行「意義思考」：溫度控制器，並不只是溫度控制器（離開表相），而是讓人能夠身處於最舒適室內環境的幫手（發現內涵）。

如果設計者認為，溫度控制器的主要「意義」在於控制硬體設備，在思考上就會以便利使用、人因工程，或是使用者介面作為設計重點。如果設計者認為溫度控制器的主要「意義」，在於讓人身處於最舒適的室內空間，則設計重點就不在於機器設備的控制，甚至應該去思考：如何才能讓使用者不會注意到它的存在。

因此，東尼．法戴爾所設計的NEST溫度控制器，採取主動記憶生活習慣的作法，依照使用者的行為模式，做到讓屋主離開空間之後自動關閉空調裝置，在回家之前預先開啟；而在入睡之後自動調整臥室溫度，已符合使用者的睡眠習慣。在這個對於溫度控制器的「重新定義」之下，思考重點不是設備如何方便好用，而是如何才能減少使用者對它的關心度。

從這個案例中，我們可以理解，在新發現的「意義思考」之下，所設計出來的產品想法與傳統裝置之間，將有著完全不同的設計邏輯。雖然產品名稱可能差異不大（或許只會在產品名稱前面，加上「智慧型」三個字），但是產品開發的起始點完全不同，最終呈現出來的市場競爭力也完全不同。

「意義思考」是從最底層處進行想法翻新，伴隨著對於想法本身的「重新定義」，將事情產生全新面貌。NEST的改變不屬於技術能力的全面提升，而是採取不同於以往的「定義思維」來重新規劃產品。「意義思考」這件事，如果你能想得愈源頭，就愈有可能產生想法的差異性。而事情的「定義」，幾乎就是一切事物的源頭。

一流的「意義思考者」，不是依據專家判斷或是市場共識規劃想法。因為許多專家提供的建議，也只是隨波逐流、請你去模仿成功者已經在做的事情。「意義思考者」認為，如果只是從後方仰望別人背影，無法獲致真正的成功。唯有靠自己的獨立思考（進行想法的「意義思考」），才能將未來掌握於手中。所以，人的深度在哪裡？人的深度就是思考基本問題的能力，而思考基本問題的能力，就是一個人進行「意義思考」的思維習慣。

在「意義思考」的所有公式中，以「重新定義」的思考範圍最為廣泛，有時也可能與其他公式之間互有重疊。因此，它的視覺化圖形有著較多的可能性。「重新定義」其中一種視覺呈現方式為名詞解釋，代表性圖形如圖5-5所示。

逛街時，你是不是覺得大多數的百貨公司，各樓層所銷售的商品陳設都大同小異。如果百貨公司規劃人員能為每個樓層重新「下定義」，而非以傳統的商品種類進行分類（例如：女裝、男裝、運動商品、家電等），是不是可以規劃出不一樣的商品組合與陳設方式？

例如：當我們為百貨公司一樓進行「重新定義」，可能的「定義」如下：女人的天堂、流行指標、黃金店面、集客力、最具有吸引力的目的地等，在每種不同的

圖5-5 「重新定義」思維的代表性圖形

"邏輯就是展現出整體的關聯性，
並且清楚個別位置"

「定義」之下，最終呈現出來的商場樣貌也會有所不同。

公式五：採取不同分類的思考方向，以一刀切開眾多競爭者

「採取不同分類」的思考方向，不同於「更高一階」思維。「更高一階」是讓自己擁有巨觀思維，利用俯視角度（bird's eye view），從上方重新觀察事物，以呈現出「點」與「面」之間的差異性。

「採取不同分類」則是與其他想法的高度一致，但是選擇從「側翼」方向切入，利用相同位階，但是與眾不同的分類

法，展現出底層想法的差異性。

「意義思考者」要有看出非主流想法的能力，這不是愛唱反調，而是讓自己擁有獨立思考能力。「採取不同分類」是在構想中，加入了一個重要成分，導致原本想法產生本質上的改變，因此，打破了以往所屬的分類架構，跨界進入了其他領域。採取這種思維策略，是將自己與大多數的競爭者劃分在不同的戰場，藉此產生想法的差異性。

【練習一下】

韓國影視產業經過政府二十餘年的扶植與民間共同努力之後，創造了一股接近好萊塢影視等級的韓流。假設，在某次韓國影視產業的參訪活動中，你受邀參觀了電視台及電影拍攝過程，看到了許多令人大開眼界的規劃流程、機器設備，以及人員編組等。

回國後，你想針對這趟旅程中的所見所聞與他人分享時，你會如何進行表達？在你觀察到一切細節與差異性之後，你能為想說的內容，找出一個獨特的「意義」嗎？你能以一句話的方式，先講完所有重點，之後再陸續展開其他細節說明嗎？

在你見識到一切流程、現況、設備現象的背後，或許只要一句話，就足以形容完畢整件事情。對韓國影視產業進行「意義思考」，你可能得到的這句話是：「韓國影視產業，其實不是『傳播業』，而是『科技業』」。

在這個例子中，「傳播業」與「科技業」的位階相同，沒有誰高誰低的問題，當把科技性元素注入傳播業之後，導致原先產業產生本質上的改變。因此，在產業分類上重新進行歸類，讓想法離開原本的「傳播業」，改以分類至「科技業」。以讓聆聽者與他們之前接觸過的傳播業者之間，進行概念上的明顯區隔。

當你跟台下聽眾解說你的參訪報告時，並不是直接說明：韓國影視產業分工得多麼細膩、採取如同好萊塢般的製作流程，或是多機拍攝的規模陣仗等。

如果只是採取條列式的說法，羅列出每一個見聞，對於聽眾而言，也只是許多新奇事物的集體組合。在這麼多的細節背後，只要濃縮成「科技業」三個字，就足以涵蓋一切，並且直接命中重點。

人們表達想法時，如果其中最重要的「意義」沒有被揭露出來，即使講了再多，也會有種似乎少了什麼；或是意猶未盡的感覺，直到想到這整件事情代表的「意義」是「科技業」時，才感覺自己真正傳遞出了重點。試想一下，如果你的說服目的是希望政府單位提供民間更多的輔助資源，從「科技業」的角度切入說明，是不是更有說服力？

在這個例子中，你所見識到的一切大小事物總和，歸納起來的「意義性」就是「科技業」。讀者閱讀至此，應該能夠清楚感受到：「意義思考」與職場中，高階主管經常要求屬下溝通時要「講重點」，兩者其實就是同一件事！

圖5-6　「採取不同分類」思維的代表性圖形

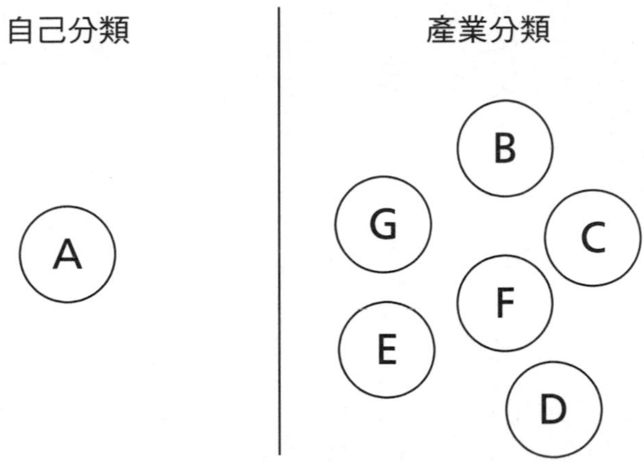

「採取不同分類」的代表性視覺圖形與「更高一階」相似，但是在概念上完全不同。「更高一階」是以壓倒性的姿態完勝他人，而「採取不同分類」則是以離群索居的方式，刻意避開人群搞自閉。在視覺呈現上，它將大多數的競爭對手，依照人們印象中的方式進行集體歸類，並將自己單獨劃分於另一個區塊，以展現出想法的根本差異。如圖5-6所示：

其他「採取不同分類」的「意義思考」範例如下：

- 智慧型手錶開發案：提出本公司所開發的智慧型手錶，不是「計時」工具，而是「醫療」

工具。將手錶從原先的「鐘錶業」，重新分類為「醫療業」，以展現出自己與其他產品的差異點。

• 保險公司企業簡介：坊間同性質的保險業者眾多，如何以一句話，展現出自家公司的獨特性？如果只是逐一強調：本公司積極導入AI流程、進行大數據分析、提供線上客戶服務、結合雲端醫療概念、e化理賠等多項科技，對於客戶而言，最終所得到的印象，充其量也只是一家導入多種科技的保險公司。

如果借用上述韓國影視產業的「意義思考」思維，只要跟客戶清楚說明一句話：「我們公司並不是保險業，而是科技業。是不是就能更清楚地命中你想說明的全部重點。接著，再把原本想表達的多項科技當成輔助證據，作為加強「科技業」這個「意義」的支撐論述。

規劃者如果能善用「意義思考」中「採取不同分類」的思維公式，將自己劃分在另一個領域，就能以一刀劃開的方式，呈現出與其他競爭對手的差距。掌握這個思考公式，除了告訴他人你不是一般的傳統業者之外，也可能正確揭櫫了公司近年來的努力方向。

公式六：創造歷史中的獨特性思考方向，把自己視為最強的對手

規劃者可經由與競爭對手的比較，展現出想法的「意義性」。也可以將焦點回歸到想法本身思考這件事情，在整個發展歷程中的特殊之處。

到目前為止，上述幾種「意義思考」公式中，「更高一階」、「關鍵時刻」，以及「採取不同分類」，都是帶著與競爭對手之間相互較勁的成分，經由展現出比他人更全面性的思維，或是採取不同於多數的切入點，來說明自己構想的優異性。

而「銜接至下一階段」、強調「歷史中的獨特性」，以及後續說明的「最後一塊拼圖」、「重中之重」等「意義思考」公式，都不是與他人進行相互比較，只是純粹地從自己想法的發展歷程或是提案事件本身，發掘出產品與服務的「意義性」。

強調「歷史中的獨特性」的思維公式，適用於業界中的領導者。當公司產品位居領先地位，甚至在市場上擁有壓倒性的優勢時，如果過度強調與競爭對手的差異性，反而是替對手進行另類行銷。在這種情形下，最大的競爭對手往往不是他人，

圖5-7 「歷史中的獨特性」思維的代表性圖形

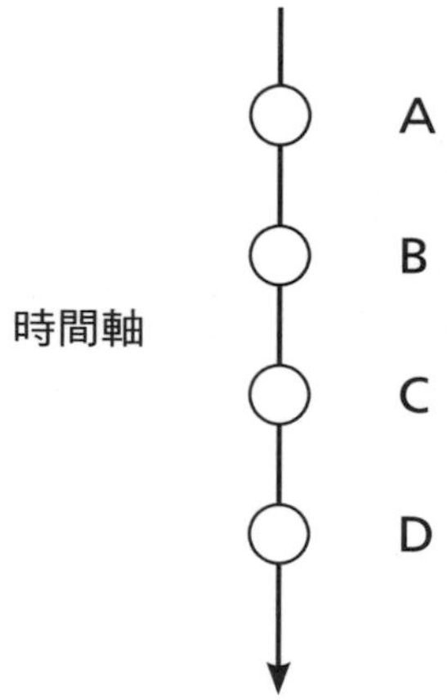

而是自己上一代的產品。「歷史中的獨特性」是利用重新檢視過往的發展歷程，將目前想法與歷代演變的事物進行比較，以呈現出不同於以往的意義性。

「歷史中的獨特性」的代表性視覺圖形為產品Roadmap圖，藉由回顧歷代產品及服務的發展過程，展現出新構思與之前所有想法的差異性。如圖5-7所示：

例如：iPhone 4上市時，賈伯斯就是利用「歷史中的獨特性」思維，為新產品賦予獨特的「意義性」。每一代iPhone新上市時，都有幾百項的功能同時更新，為了讓溝通更有焦點性，不可能逐一說明每項細節。因此，當第四代iPhone上市時，賈伯斯為它所賦予的「意義」是：「這是歷代iPhone中，設計上最大一次的躍進。」在這個「意義思考」中，賈伯斯並沒有拿iPhone 4與其他品牌的智慧型手機進行比較廝殺，只是單就這隻手機，與前面歷代的iPhone進行比較，依此產生了整個簡報的敘述邏輯。

其他採取「歷史中的獨特性」的「意義思考」範例，像是公司舉辦員工旅遊：例行性的年度員工旅遊活動，可以是一個單純的人事時地物組合，但是身為一位獨立思考者，仍會利用「意義思考」技巧將活動的「計劃案」，升級為活動的「企劃案」。

例如：思考以往員工旅遊的對象，主要是以公司內部員工為主，眷屬無法參加。利用「歷史中的獨特性」思維，將此次活動的概念定位為：從「同事」到「家人」。首度擴大旅遊實施對象至員工的親朋好友，以增加同仁之間情感連結的深度。

公式七：以「最後一塊拼圖」的方向思考，劃下一個完美句點的時刻

相較於「歷史中的獨特性」所敘述的是想法「有史以來」的不同之處，而「最

後一塊拼圖」，所強調的「意義」，則是一個事件經過了長期努力之後總算大功告成；這是一個劃下「完美句點」的時刻。

所有事物的溝通重點不是直接說明事情的來龍去脈，而是要去尋找、去發現某個獨特的「意義性」。「最後一塊拼圖」這個「意義思考」思維並不困難，但是多數規劃者卻缺乏歷史觀，將重點錯置於此次事件的細節規劃而深陷其中。他們看不見想法背後更重要的「意義性」，在於已經達成了歷史中最重要的里程碑。

例如：在某次我所引導的「意義思考」工作坊中，一家非營利性組織的同仁，以偏鄉幼兒的資助計劃作為演練題目，主要溝通對象為單位內部的高階主管，希望能說服他們同意此次資助方案，以取得後續行動資源。在原先的思考過程中，規劃者將溝通重點置於活動經費、服務對象、預期效益，以及執行步驟等細節上。

然而「意義思考」認為有效的溝通必須離開表相細節，回歸想法本質進行重新思考。因此，主要重點並不在於細節規劃（此處並非說明細節規劃不重要，而是它們屬於溝通的二級重點，而非「意義」所屬的一級重點），而是指出方案本身代表的「意義性」為何？課程歷經幾次的「意義思考」實作過程。最後，該組學員為資助活動發展出「讓愛完整」的「意義性」。至此，整個企劃案才終於有了靈魂。

在這個新發現的「意義思考」之下，重點不落於活動規劃層面，而是掌握更大的脈絡性。規劃者終於離開「深陷細節」的問題，看到這個企劃案所服務的對象：偏鄉幼兒，是所屬機構經過了三十多年來的努力，所有服務族群中的「最後一塊拼圖」，當這個活動完成時，代表自家機構的階段性任務圓滿達成，可以朝向下一個目標繼續前進。

在這個案例中，提案者從原本單次性的活動規劃，到最後看出事件具有獨特的「意義性」。因為前後兩者展現的「意義性」不同，顯現出來的說服力與重點性也完全不同。如果以「單次活動」作為規劃方向，內容重點在於執行細節。如果看出這個活動的「意義性」，在於完成組織階段性任務的「最後一塊拼圖」，或許重點應該放在舉辦一場大規模的記者會，對外說明所屬機構達成的特殊成就。善用「意義思考」能力，不但能有效增加想法的過案率，更能精準地表達想法的真實性。蒐集資料只能豐富內容，唯有思考「意義」，才能呈現出想法價值性。同樣一件事情，進行「意義思考」的規劃者能夠把麻雀變鳳凰，不善於「意義思考」的提案者，卻可能把鳳凰變成了麻雀，兩者之間有著十萬八千里的差距。

「最後一塊拼圖」的代表性視覺圖形即為拼圖，以一個欲達成的目標概念作為

圖5-8　「最後一塊拼圖」思維的代表性圖形

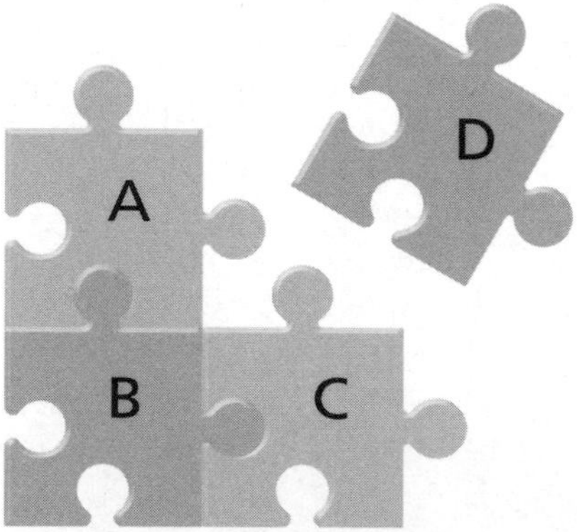

整體圖像，將以往曾經努力過的作為，以單片拼圖的方式逐一呈現，最後再出現代表此次活動的「最後一塊拼圖」圖形，以象徵重要里程碑的圓滿達成。「最後一塊拼圖」的代表性圖形如圖5-8所示：

公式八：以「重中之重」的方向思考，先解決少數重要的問題

「重中之重」的思維，適用於問題分析與解決的溝通類型。這種「意義思考」的方向認為：導致問題發生的眾多原因之間，所占的權重比例並不相等，

通常可以區分出「重要的少數」與「不重要的多數」。因為組織資源有限，所以問題必須依據重要性進行排序，再針對少數的重點處進行對策。「重中之重」是經由表達出解決事情的效益性，來獲得溝通對象同意行動。

對主管提報問題解決類型的簡報時，通常目標對象不太在意執行細節。對於許多高階主管而言，只要知道對策的有效性，以及最嚴重的問題已經妥善解決即可。因此，「重中之重」的敘述邏輯，即在解釋提案者已經採取掌握重點的方式解決問題。

【練習一下】

許多追求創意導向的外商公司，都會在辦公室設置點心Bar，讓員工們在工作忙碌之餘能夠補充熱量。設想你是總務人員，想要參照國外作法，在公司內部設立這個場所，在你的提案構想中，你覺得點心Bar對公司而言，其所代表的「意義性」是什麼?你要將它設置在哪個地方，才能發揮最大效益?請針對點心Bar是什麼地方，進行「意義思考」。

公司為什麼要設立點心Bar?這是提案時，目標對象會詢問你的必考題，「意義思考」的主要功能，就是回答這個大哉問、根本問題。點心Bar是什麼地方?它可以是一種提供員工福利的場所、休息充電再出發的空間，也可是一個促進交流與觸發創意的場所。

上述答案中，以後者最能展現出「意義思考」的深度性。如果你的提案角度是從「員工福利」切入，思考方向並沒有錯，但是也不夠好，這是百分之九十的規劃者會提出的答案。這個想法會將重點放在檢視自家公司與競爭對手之間的福利措施比較、每月公司需要額外支出的費用，或是將陳述重點放在員工需求調查，說明哪些零食種類比較符合員工的喜好與期待。最後，點心Bar的設置地點可能位於茶水間或是辦公室的閒置處。

如果你認為點心Bar代表的「意義」是：「促進交流與觸發創意的場

所」，在這個提案中，你所展現的觀點是：點心Bar是跨部門之間，想法交流的最佳管道。因為，比起會議室裡的正式溝通，那裡營造出來的輕鬆氣氛，更適合不同部門彼此間的交流對話、腦力激盪、產生創意等。在職場工作中，非正式的溝通管道，不是比起正式的溝通管道更加重要嗎？

擁有「意義思考」能力，就能改變你所要說服對象的決策指標，而且同時加強說服力道。在「促進交流與觸發創意的場所」觀點下，決策者的考量點，從原先的額外費用支出，改成了「促進非正式溝通」與「激發創意火花」，而點心Bar的設置地點，也從茶水間（或某個失落空間）變成了辦公室的中心點，讓所有員工皆能以最近距離使用這個設施。

如果規劃者能清楚表明這個提案的「意義性」，決策指標就會從原本的「有形成本」（每個月要花多少錢），轉變成「無形價值」。（促進溝通與增加創意的效益無價）

點心Bar設置在辦公室的正中央？沒錯，這正是許多國際級公司對於這個場所的「意義思考」。如果依循「促進交流與觸發創意的場所」的想法繼續向下延伸，提供的零食種類、裝潢設計風格，以及傢俱擺設方式也會有所不同。即使只是一個點心Bar的規劃案，如果構思者能進行「意義思考」，也能展現出每個人的思維深度與貢獻度。

「重中之重」的代表性視覺圖形種類較多，常見的內容是以四格象限方式，劃分出重要且緊急的區塊，或是使用柏拉圖，呈現問題表列與八〇／二〇法則的關係，如圖5-9所示。如果問題之間並不符合八〇／二〇法則，則採取大小餅圖之方式呈現，如圖5-10所示。將占比最大的部分（A）進行細部拆解，接著再說明這個大問題（A）的主要發生原因（A_1）。

圖5-9 「重中之重」思維的代表性圖形：柏拉圖

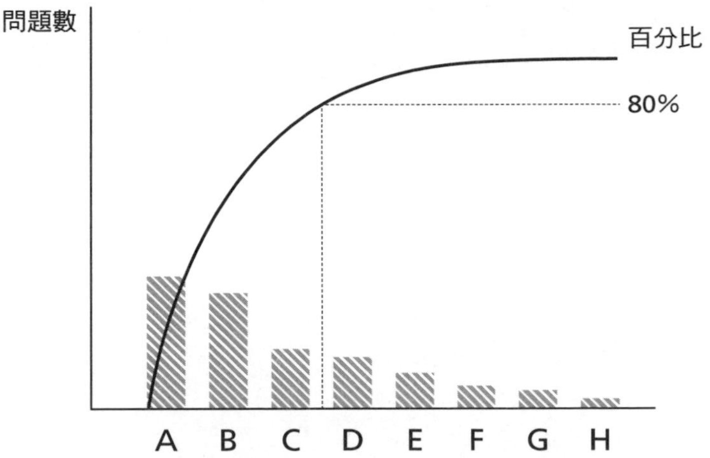

公式九：以「多方交集」的方向思考，只要對大家都好的事情，就應該去做

一件事情如果同時能讓多方獲得好處，那就應該馬上付諸實現。「多方交集」是建立在共好多贏的溝通基礎上，先思考過所有影響者的利害關係，再找出一個能兼顧大家利益的解決方案。這種思維模式突破你死我活的取捨思維（Trade-Off），強調彼此間的共存共榮。

圖5-10 「重中之重」思維的代表性圖形：大小餅圖

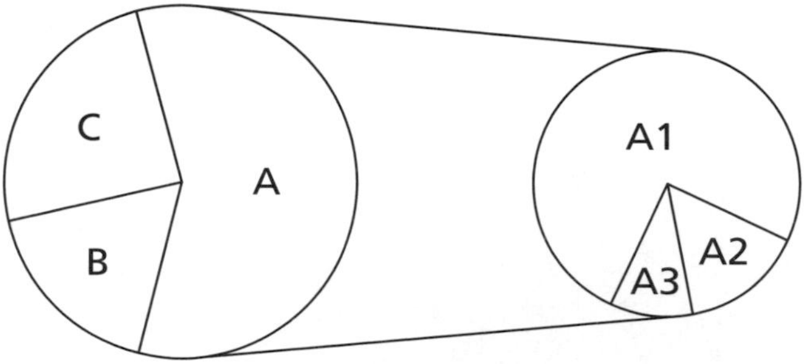

要產生一個「意義」很容易，要產生一個能同時符合多方需求的「意義」就有些難度。許多溝通的失敗原因，來自於提案者只從自己的角度看事情，沒有把別人的需求看在眼裡。如果表達者能夠跳出自我立場，看到想法與多方之間的交集關係，就能讓想法變得更有穿透力。

例如：人資部門對高階主管進行員工調薪提案。一般規劃者習慣直接說明提案背景、調薪幅度、調薪對象、產生預期效益、需要支出費用等執行細節，而「意義思考者」會為這個加薪提案先賦予一個獨特「意義性」。

如果提案者將重點置於調薪幅度對於公司的營運影響，高階主管自然容易以數字改變作為決策的主要考量點。如果提案者能夠進行「本質性思考」，利用「意義思考」的「多方交集」思維，為調薪這件事賦予一個正確的「意義性」，則可能改變決策者的評估角度，進而大幅增加過案機率。

試著離開事情表面進行「意義思考」，讓員工調薪方案不再只是員工調薪方案，而是一個能夠同時兼顧公司、員工、法規等三方好處的「多方交集」提案。再依此敘述邏輯，說明員工目前工作超時情形嚴重，已違反政府相關法令規定，且此情形如不加以改善，亦將導致同仁心生不滿而增加離職率，最後導致公司無法留住優秀人才。

在這個調薪方案中，提案者應該清楚表達：調薪是同時符合公司、員工、法規等三種利益關係之下的共同解答。如果規劃者能指出調薪這件事所代表的「意義性」，就能改變目標對象看待事情的觀點與高度，從原本只從調薪幅度對於財報數字的影響，進而轉變為顧及公司競爭力、提升員工士氣、符合法令規範等全局思考。

「多方交集」的代表性視覺圖形是范氏圖，如圖5-11所示。以每個圓圈代表一種

圖5-11 「多方交集」思維的代表性圖形

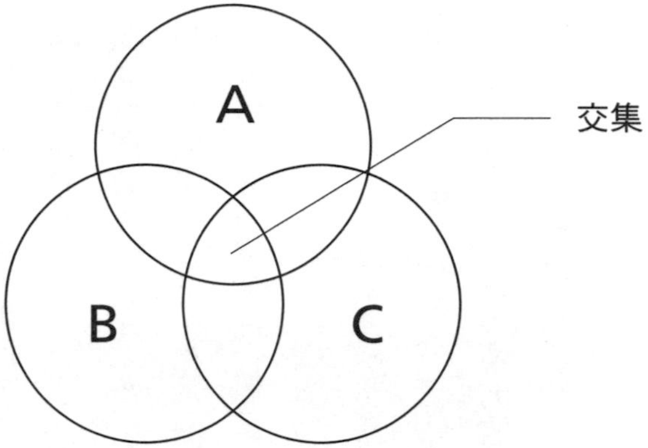

利害關係人，圖形重點為中間多方交集之處。雖然在理論上，所交集的對象數量愈多（圓圈數），代表所符合的條件愈嚴苛，同時所顧及的層面也愈廣泛。但是在實務層面上，如果採取雙贏（兩個圓圈）的方式呈現，因為符合門檻較低，所以說服力較為不足。如果強調四贏，則會因為加入太多相關元素，而增加提案對象的認知負荷。所以實務上，採取三圓重疊的范氏圖，會是「多方交集」思維中，最常使用的視覺化圖形。

上述九種公式是「意義思考」最常運用的基本公式，同時也是最具有說服力的簡報敘述邏輯。掌握這些思考切入點，可以作為初學者的入門磚，成為一窺「意義思考」世界的墊腳石。如果因為時間資源有限，拿來當成緊急應變之用，在說服力上也能獲得不錯分數，甚至可以輕易完勝大多數採取「拼湊羅列」及「標題展開」的競爭對手。

不要短視近利，忽視基本功

雖然有九種「意義思考」最常運用的基本公式可供參考，但如果你有志成為一名頂尖的「意義思考者」，就不能只偏廢於那些公式，而忘了最重要的基本動作。廢人是怎麼練成的？廢人就是長期依靠公式與懶人包，卻忘了獨立思考與恆心耐力所練成的。廢人只記得抄捷徑，卻忘了蹲馬步的重要性。

「意義思考」是你對於世間萬物的詮釋權，別把它輕易拱手讓人。從長期觀點來看，第四章的內容依然是最有效的作法，任何事情最快速的成就法，就是腳踏實地的修行。因此，在本章內容學習完短效作法之後，規劃者終究必須回歸耐力思考的根本觀念：擁有巨大耐性者，就是最成功的「意義思考者」。

日常生活中的刻意練習

「意義思考」與我們的距離並不遙遠，它是一種極生活化的能力。任何溝通想要一針見血、迅速看出事情的眉角，都是「意義思考」的能力展現。

在我們身邊那些能快速捕捉到事情精髓，或是講話每每命中要害的人，一定都是優秀的「意義思考者」。如果你想提升自己的「意義思考」能力，不需要等到下一次的規劃任務開始。當下，在每天的日常生活之中，經由以下幾種方法，就能茁壯你的「意義思考」能力。

練習定義周邊事物

好的「意義思考者」必定是好的「定義者」（重新定義）。現在，找出一個距離你身邊最近的事物，不論手機、錢包、滑鼠，或是手上帶的戒指等，請試著為它們下定義。一直想下去、一直想下去、一直想下去，一直到看出自己專屬的觀點為止。

世間任何事物都是帶著某個特殊意義，才會出現在你的身邊，如同戒指，並不只是一個手部裝飾品，而是婚姻的象徵，或是代表你對於另外一半的承諾。請試著跳脫名稱與表象，去體會每件事情的表相之外，都存在一個更美好的「意義性」等待著你去發現。

【練習一下】

比起周遭事物，與你之間距離最近的就是五官。請試著對於「眼睛是什麼」下定義。別像多數人一樣，總是對於熟悉事物輕易地下個結論。「近事要遠看」，請試著經歷：醞釀、撞牆、發現、融合等四個階段，完整走過整個「意義思考」流程。

其他「意義思考」的參考解答範例如下：

1. 眼睛是全世界最好的相機。
2. 眼睛是最私密的內心世界。
3. 眼睛是人體最多的感知接受器。

關於眼睛，你對它的「意義思考」是什麼？如果你的答案是：眼睛是靈魂之窗，這個答案可以（至少比起「看東西」這個表相答案，好上一百萬倍），只是因為太普遍，所以分數也不算太高。記住，「意義思考者」所追求的並不是答案，而是非答案，我們必須努力達到「前人所不及」的思想高度。

從上述答案中，我們可以看到關於眼睛的「意義思考」：眼睛不僅是觀察世界的工具（表相層）。在意義上更代表通往內心世界的窗口（意義層），「靈魂之窗」這種說法，或許是歷史上某個「意義思考」大師，所賦予人類文化中的最佳答案，所以超越了時空限制，流傳至今成為了一種普遍性的說法。

除了這些答案之外，你還可以擁有上百萬種的詮釋說法。假設把你的答案複製貼上到搜尋引擎，你能確保搜尋結果顯示「找不到任何搜尋結果」的畫面嗎？如果你能夠做到這一點，在這個世界上，對於任何事物，你就擁有獨一無二的「詮釋權」。

觀察大眾媒體

「意義思考」的能力養成，少部分來自於規劃活動，大部分來自於在生活中觀察省思。同樣一個新聞事件，隨著記者的觀察深度，所呈現出來的「意義性」也大不相同。記者新聞涵養的高低，就在於看出事件「意義性」的究竟程度。

例如：二〇一〇年智利發生了科皮亞波（Copiapo）礦災事件，三十三名礦工受困於地表下七百公尺處。在這個新聞事件中，有些記者採取了寫實報導（表相層）方式，重點置於描述整個災難的發生過程，以及後續的救援進度，也有些記者能夠進入「意義層面」思考，指出這個事件所代表的特殊「意義性」：這是人類有史以來，困難度最高的救援任務。

現在，只要利用搜尋引擎，我們可以輕易獲得一個事物的多元觀點。在前者的說法中，只是又一次的意外災難事件發生；而後者，記者能跳脫出目前事件觀點，告訴世人這次災難所代表的獨特「意義性」，以及為什麼這件事值得大家關注。也就是說，相對於其他意外災難的特殊性，這名記者能站在歷史觀點，看到這個新聞事件。

下次瀏覽新聞媒體時，別只顧著欣賞肇事車輛的行車紀錄器，或是觀看路人被車撞，騰空翻起一圈之後，居然還能原地站立的影片。建議你，除了觀看這些「高手在民間」的特技演出之外，不妨也從「意義思考」的角度出發，看看這些記者們，能否展現出每個新聞事件背後的深度與「意義性」。

觀看球賽

你喜歡看球賽嗎？你有欣賞的球評嗎？是不是覺得有些體育主播在播報賽事時，說出的觀點更具有洞察性，甚至具有「預測短暫未來」的能力？球評的深度來自於他的「意義思考」能力。例如在一場棒球賽中，資深球評看到的每次投球或揮棒，都不僅是運動場上的肢體動作，而是帶著某種特殊的「意義性」。

因此，打者上二壘不再只是上二壘（表相層），而是代表進占打點圈（意義層），強力打者站上打擊區也不只是強棒出擊（表相層），而是意謂追平分的出現；賽況可能隨時翻轉（意義層）。能夠進行「意義思考」的球評們，眼睛所見的，不僅是投打之間的一來一往（表相層），而是兩人之間歷次交手的新仇舊恨（意義層）。

重點結論

本章內容與第四章之間進行互補運用。第四章內容強調「意義思考者」的基本功，說明提案者為了達到前人所未曾觸及的思考境界，最好以無限耐性產生最多想法數量，再以「量變造成質變」的作法，才能產出一個Big Idea。本章內容說明「意義思考」的善巧方便：公式與捷徑。讓規劃者面臨時間條件及外境壓力時，仍能在有限的時間資源內，產生一個高品質想法。能夠熟悉「短策」與「長策」雙重作法的規劃者，才算擁有完整的「意義思考」能力。

提案者進行「意義思考」時，如何從茫茫大海中，找出一個還不錯的答案？雖然這種思考模式不存在著標準答案，但是仍有基本的思維方向可循。當面臨思考時間不夠的情形時，規劃者仍然要堅持避開「拼湊羅列」及「標題展開」的錯誤作法，從本書中所建議的九種「意義思考」面向完成內容建構與邏輯敘述。這些思考方向不見得能產生驚天動地的效果，但是至少能保證讓人聽懂，而且一定勝過大多數採取「東拼西湊」建構方式的競爭對手們。

在「意義思考」的觀念中，每一次的溝通都一定存在著某種敘述邏輯。它並不是隱藏在內容的某個角落等待聽眾去發現，而是要放在最明顯的位置，去承擔起整個溝通過程中的重責大任；也就是說，全體想法要以「意義」為依歸，以此進行一切細節的收斂與展開。

這個大重點清楚了，一切細節也都清楚了，所有內容也都將自動到位。

但是，如果這個大重點沒有被點破，再多的資訊累積與口語表達也都將枉然無效。

本章內容從實務演練與案例蒐集之中，歸納出九種「意義思考」最可能出現的方向。內容包括：更高一階、銜接至下一個階段、關鍵時刻、重新定義、採取不同分類、歷史中的獨特性、最後一塊拼圖、重中之重，以及多方交集。

幾種思考方向之間，或許有可能出現部分概念重疊之情形，但是站在提供讀者最大思考可能性的角度。這種狀況並不會影響「意義思考」的學習與最終結果呈現。

這些關於「意義思考」的基本公式，不僅提供了提案者的思考指南，同時每個公式也都內建了說服力溝通中最重要的目標：「行動呼籲」。這些思考方向清楚地說明如果採取這個行動可以獲致什麼好處，以及如果不採取這個行動，可能會遭致什麼後果。畢竟，能夠讓行動發生，才是規劃者進行「意義思考」的終極目的。

最後提醒讀者們：凡事輕鬆愉快久了，就容易變成廢人。如果因為礙於時間因素或是為求快速入手，從公式切入能夠立即有效，而且具有一定程度的品質保證。

但是，公式終究無法取代耐力思考，想法中最璀燦的那顆星星，只會出現在大腦的小宇宙中。

第6章

「意義思考」的判斷原則

關於「意義思考」的解答，
不是在「正確」或「錯誤」之間做出選擇，
而是在「好」與「不好」之間做出判斷。

卓越的「意義思考」需具備的條件

這個世上除了學校考試之外，大多數的事情都沒有標準答案。人生很多事情的難度，就在於回答開放性問題；如何從一個沒有正確答案的問題中，做出一個還不錯的決定。「意義思考」的判斷原則也是如此。雖然一件事情的「意義性」會隨著時間、科技、市場趨勢，以及個人見解深淺而有所不同。但是，我們仍然可以找出一些基本指標判斷「意義思考」的品質水準。

首先要知道討論「意義思考」的想法品質，並不是討論「對」或「錯」的問題，而是「好」與「不好」之間的判斷。一個能夠打動人心的「意義」，必須同時兼顧理性與感性層面，也就是最好能符合既新鮮、又合理這兩項指標。在這個標準之下，說明「意義思考」所應具備的條件如下：

條件一，「意義思考」要超越已知

「意義思考」是藉由想法的極限探索，去揭露一件事情的深層面。因此，規劃者不能讓它流於表面，輕易地給出一個眾人皆知的答案。一個好的「意義」必須帶著啟發性，達到連自己都不知道的程度。所以，超越現狀及已知，是「意義思考」的最重要條件。

環顧四周，我們經常看到許多企業的公司簡介，宣稱自己是：×××的好夥伴、提供×××的全方位解決方案、提供×××一站式購物服務、×××全方位平台等，上述這些常見說法，會讓公司簡介的「意義思考」淪為一種口號。如果規劃者能從這些概念發散出所有細節，至少在內容邏輯上還算是脈絡清晰。但是大多數公司的作法，只是讓這些口號成為「拼湊羅列」中的一小部分，而不是提升到組織想法的主軸位階。

上述這些說法，因為曾經大量出現在市面上，所以變成了一種習以為常的聲音。因為它們的復刻程度太高，所以肯定會落在大眾的認知範圍內，這些說法沒有帶著一種發現，去超愈現狀以及目標對象的認知範圍。

無法超越已知的「意義思考」，最後容易淪為宣傳標語，讓人視而不見、聽而不覺。在職場中，有些人只想保住飯碗，有些人只期望安全下莊，他們習慣採取保守式作法，利用觀察同業與異業的方式來產生「意義性」，而非相信自己的獨立思考與觀點判斷。似曾相識一直是說服力的最大敵人，太過於膝蓋反射的直線思考，會因為可預期性太高，而直接被他人所無視。

「意義思考」不是隨便喊喊口號，或是改寫經典文案中的幾個文字，不要只是微調，要完全不一樣。如果你告訴別人的都是他們已經知道的事情，那就等於沒有告訴他們任何事情。

【練習一下】

如果你是一名時尚設計師，依賴掌握流行趨勢與時尚脈動而生存。請思考「流行」是什麼？請針對「流行」兩個字進行「意義思考」，並試著找出能讓自己掌握流行時尚的實務作法。

身為一位設計師，你要如何掌握流行時尚？或許，許多人的答案是出席巴黎時尚週活動、多參考流行時尚雜誌，或是追隨國際級大師的步伐。這些答案都還不錯，經由做功課或是參考資料的方式，可以擴增自己腦內經驗不及之處。但是，除此之外，還有沒有其他想法的可能性？

ZARA服飾創辦人，西班牙服裝業巨擘奧蒂嘉（Amancio Ortega）在思考「流行」代表的「意義」時，他發現並沒有所謂的「流行」，因為「流行」根本無法預測。奧蒂嘉認為：「流行」一詞所代表的「意義」，其實也就是：少量、多樣，以及快速流通。在這個「意義思考」之下，開展了他的全球快時尚事業版圖。

規劃任何事情之前，下手處一定要對，真正的敗壞一定來自於從根爛起，而真正的成功也起因於源頭正確。重要的事情先別急著下手。對於「意義思考者」而言，其實「三天曬網、兩天捕魚」的態度也很不錯，給自己多一點的時間規劃好事前規劃，才能在往後的日子裡滿載而歸。

本書第四章曾提及耐力思考與想法數量，對於想法品質的重要性。任何構思都是從已知朝向未知的方向發展，「意義思考」也是如此。人類大腦的思考活動會歷經一個翻轉過程，當想法突破了撞牆期之後，就能看見截然不同的全新觀點。

因此，「意義思考者」在想法初期必須具備的一個堅強信念是：事情絕非一開始看起來的那樣，任何想法只要經由腦內不斷向下挖掘的過程，最終一定能看見完全不同的真相。

一個好的「意義」，要達到連自己都忍不住想要稱讚自己的地步。別像韓星們，在外形及長相上難以區別。身為人的可貴之處，就在於能夠與眾不同，並建立自己看世界的特殊視角。如同一位能夠長期立足於歌壇的明星，聲線要有足夠的辨識度。優秀的「意義思考者」，即使在想法上，無法做到獨一無二，也有本事在熟悉的事物中，創造出陌生感。

至今，你所說明的一切事物中，曾經有過什麼重要的「意義」發現嗎？如果你懂得利用「意義思考」，創造出想法最底層的差異性。那麼，你就有機會在任何領域創造出專屬於自己的星光大道。

避免常用關鍵字

為想法發展「意義」時，不要將重心置於文字包裝，搞宣傳不如深入想法底層，試著用平淡說法傳達出深層意念。如同多年前，Nokia的廣告標語：「科技始終來自於人性」，在每個平淡無奇的單字背後，隱藏著對於人性與科技的深刻觀察。「意義思考」需要的不是「說法」，而是「想法」。

「意義思考者」應該避免隨處適用、舉目可見的字眼。賦予事情的「意義」時，最好避開以下地雷關鍵字，例如：地表最強、史上第一、全方位、多功能、解決方案、資源整合、好夥伴、一條龍等。「意義思考」是整個想法中的C位核心（指表演團體站最中間，扮演Center關鍵角色的簡稱），別讓你的核心變成了不堪一擊的玻璃心。

條件二，「意義思考」要合乎邏輯

創意只是少見、新鮮有趣，邏輯則要經得起時間及現實考驗。如果只是一味地強調與眾不同，想法就容易變得無厘頭。「意義思考」為什麼有難度？因為它大於創意思考與邏輯思維，「意義思考」是兩者之間的交集：一個好的「意義」，既要有趣又要合理。

要合乎邏輯且出人意料

具有說服力的「意義」，必須達到既合乎邏輯，同時出人意料的程度。當我們解釋高鐵的「意義」在於：「它創造了台灣的一日生活圈。」在這個說法中，具有獨特性，因為之前未曾聽聞，所以符合「出人意料」條件。同樣，這個說法也指出高鐵出現之前，南北兩地往返，經常要花費兩天以上時間的真實狀況。因此，它也達到「合乎邏輯」的條件。

例如：若思考咖啡館的「意義」是什麼？咖啡館是什麼地方？如果你的答案是「喝咖啡的地方」。我們幾乎可以肯定這個答案來自於你的耳朵聽到問題之後，聲波往下傳導至膝關節處，短暫停留〇．五秒之後，接著迴路返回至嘴巴，最後再以聲波形式，從嘴巴吐出這個答案。簡單來說，就是這個答案完全沒有經過大腦思考。這個回答既不符合「合乎邏輯」資格，也絕對不符合「出人意料」要件。

社會學家雷．歐登伯格（Ray Oldenburg）在《最好的場所》（*The Great Good Place*）一書中解釋：咖啡館的「意義」是什麼？它是人類生活中的「第三個場所」；即在「住家」與「辦公室」之外的「非正式聚會場所」。在「第三個場所」概念出現之前，人們從來未曾聽過此種說法，所以概念新穎獨特、具有洞察性，因此，這個說法符合「出人意料」要件。

「咖啡館是喝咖啡的地方」這個答案，連最基本的「合乎邏輯」條件都無法符合，為什麼？因為人們常說：「喝咖啡、聊是非。」咖啡館的「表面義」是喝咖啡沒錯，但是在「究竟義」上，並不是去解決人類口渴，或是補充咖啡因的生理需求，而是去解決人與人之間，情感與社交時的空間需求。

在許多場合中，當「住家」與「辦公室」無法成為「聚會場所」時，即由咖啡館來填補這個需求空缺。雷・歐登伯格「第三個場所」的說法，顯然比起飲料店（「咖啡館是喝咖啡的地方」，表相層）更合乎正確性。因此，這個說法符合「合乎邏輯」要件。

條件三，「意義思考」要大於內容組合

「意義思考」強調一個完整的「意義概念」所延伸出來的內容，必須同時兼顧整體、垂直、水平等三種邏輯性關係，而「內容組合」即使在最完美的情形下，也只有整體及垂直兩種關係；想法之間缺乏橫向聯繫。「內容組合」在概念上屬於第二階：依「標題展開」的想法。如果以方程式的方式說明，「內容組合」的公式為：D（標題）＝A（第一項說）＋B（第二項說）＋C（第三項說）。

在「內容組合」的邏輯關係中，D＝A＋B＋C，如果以白話方式說明，即一件事物，是由以下幾個小事件（A、B、C）共同組成。在這個公式中，想法之間只存在著D與A、D與B，以及D與C之間的垂直關係，以及D與A、B、C之間的整體關係，但是缺少了A、B、C三個元素，彼此間的水平關係。

擁有三種關係者，才算得上是神邏輯！

「意義思考」的公式是：M（意義思考）＝m（A＋B＋C），其中M代表「意義思考」，在A、B、C每個元素之中，都帶著m的共同成分。也就是說，所有內容之間，都有一個相同的「意義」，緊密維繫著水平方向的想法。因此，在上述公式中，同時具有整體、垂直，以及水平等三種邏輯性關係。

例如：數字法是一種溝通中常見的結構種類，一場名為「成功領導者的八個關鍵因素」就屬於「內容組合」，而非「意義思考」。雖然在這個標題之下，觀眾對於內容可以產生一定的預期性，口語也能講得條理分明，但是它並不符合「意義思考」的要件。因為在這種說法之下，只提及每個關鍵因素與成功領導的關係（整體及垂直邏輯），而沒有釐清各個關鍵因素之間的彼此關係（水平邏輯）。

為什麼「成功領導的八個關鍵因素」之類的標題，並不符合「意義思考」的主要精神？因為它沒有解釋八個元素之間的橫向關係。例如：在這些內容之中，是否有誰先誰後的關係、在比重上，是否有孰重孰輕的問題？或是，這八個關鍵因素中，是不是有一個「共同要素」貫穿其中？

「意義思考」認為一個稱職的溝通者，不只要找出一個能夠涵蓋所有內容的概念，而是要去尋找「超越一切內容之外的存在」，這樣才能讓所有想法之間進行「抱緊處理」。在這個例子中，或許八個元素之間共同隱藏著「僕人式領導」這個「意義性」。那麼，溝通時，最重要的事情就是先解釋「僕人式領導」的概念，接著再逐一進行後續內容說明。

「成功領導者的八個關鍵因素」屬於「內容組合」，「僕人式領導」屬於「意義思考」。比較上述兩種溝通法。先從「僕人式領導」的「意義」切入，再接著說明這個概念之下的八個關鍵因素，以及「成功領導者的八個關鍵因素」（內容組合），直接從第一點開始進行逐點說明。兩者敘述邏輯，在想法的組織性、重點性與回憶度上大不相同。

當溝通者以「內容組合」進行說明時，因為各點元素是互相獨立的，所以台下觀眾必須記住八個單獨的關鍵因素，這個難度較高。而當溝通者以「意義思考」進行說明時，因為各點之間有一個共同核心「僕人式領導」串聯其中，因此，只要讓觀眾記住這個大概念，就完成了大部分的溝通任務，即使要他們回憶八個關鍵因素，也會因為彼此間具有關聯性，而能大幅增加內容的回憶度。

其他「內容組合」的例子如：從加減乘除的思維談時間管理、揭開太陽能產業的七大秘密、從3C（Company、Competitor、Customer）架構探討電子商務的經營策略等。諸如此類的標題，都屬於「內容組合」的溝通模式，它們並不符合「意義思考」所需具備的整體、垂直，及水平等三種邏輯性關係。

「意義思考」的決策者影響力

「意義思考」在想法的品質標準上，要能同時符合：「大於已知」、「合乎邏輯」，以及「超越內容組合」等三項要件。但是，即使我們產生了許多優質想法，最後可能還是需要他人同意。所以，接下來讓我們依據決策者的類型，分為：個人決策、團體決策，以及領導者決策等部分進行說明。

第一種，由個人決策

當「意義思考者」與決策者屬於同一人時，將是產生最佳「意義」的最佳作法。此時，由具備高瞻遠矚能力的領導人自己進行「意義思考」，決定公司定位，或是新產品開發方向等本質性的問題之後，再要求部屬落實後續想法。其中，集「意義思考者」與決策者於一身的領導者，最著名的人物即為賈伯斯。許多蘋果公司新產品的「意義」探索，皆是由他本人親自完成。

最好都讓專業的人來

同樣一件事情，每人所見「意義性」的高低深淺並不相同。如果讓思考者與決策者進行分工，就會加入溝通過程中的變數，增加「讓一個好的想法，錯失在不當表達」的風險中。許多對於事物的深刻洞察，來自於領導者對於未來的想像與省思，而這種觀點可能不存在於其他同仁的想像之中。身為領導者的任務，就是要以願景帶領大家度過這個模糊階段。

企業領導者除了上廁所之外，大多數事情不需要事必躬親。但是「意義思考」決定了公司未來最重要的走向與願景。所以，帶著前瞻視野的「意義思考」能力，會是所有領導階層所必修的一門功課。

只是在實務上，有限的時間資源將是領導者的瓶頸所在。因為「意義思考」不能採取「限時限量」的作法，能以較長的時間產生較多的想法，才是確保「意義思考」產出品質的最佳作法。在「意義思考」的觀念裡，如果一件事情，我們願意想得愈徹底，一個最佳的答案就會從中自然浮現。「意義思考」所需要的時間與數量條件，也代表一個構思者對於想法品質的自我要求程度。而這些，都需要大量時間才能完成。

個人決策法除了適用於追求自我卓越型的領導者，在個人工作者身上也同樣適用。當個人有意願或是必須承擔起「意義思考」的重責大任時，規劃者除了以理性面進行判斷之外，亦可採用下列兩種方式評估「意義思考」的可行性。

第一，由身體來判斷

前述內容說明「意義思考」要同時符合三項過程要件：大於已知、合乎邏輯，以及超越內容組合，這是就「理性層面」來判斷「意義思考」的優劣性。而在「感性層面」上，許多溝通者是依據直覺來進行判斷。不論從理性層面或是感性層面探討「意義思考」的想法品質，其實兩者之間並不衝突，它們都是好想法所展現的一體兩面。

在「感性層面」上，那個能讓你睡不著覺、雀躍不已的答案，就是最好的答案。因為「意義思考者」相信：人可能會騙你，但是自己的身體往往是最誠實的，那個會直擊內心、產生衝擊感的，就是「意義思考」的最佳解答。（當然，如果採取「理性層面」分析，這個想法同樣符合「好意義」的三個要件）

你有被自己驚嚇過的經驗嗎？這裡所描述的，不是那種半夜起身上廁所時，經過鏡子前面，看到素顏、最真實自己時的那種驚嚇，而是當一個絕世想法橫空出現時，好到連自己都不敢相信的那種驚嚇。這個心開意解的瞬間，也是「意義思考者」最能體會到成就感的時刻。

讀者可以把「意義思考」的發想歷程，想像成是一趟探索無人之境的發現之旅，而旅途的目的地，就是去尋找人們與自己從未見過的那個景象。當你真的發現一些新事情時，一股強大的電流將讓大腦裡的燈泡亮起，接著心頭為之一震，體驗到電流通過全身的感受。

「意義思考」需要達到一定的高度與辨識度。想要成為一名更好的「意義思考者」，你要願意想到連自己都不敢相信的地步，你要想到讓身體產生雞皮疙瘩為止。所以，什麼是「意義思考」的最好答案？那個能夠讓人刻骨銘心的，就是最好的答案。

第二，由時間來判斷

身體判斷法來自於頓悟體驗，因為想法太好所產生的通體舒暢感。但是，能產生這種感受的想法畢竟只是鳳毛麟角。對於大多數心有所惑、無法肯定的想法，以較長的時間判斷想法的可行性，會是一個較佳作法。因為，時間能讓隱藏於事物的真實價值顯露出來。

本書在多個章節中，都提及時間因素對於「意義思考者」的重要性。不論及早開始或是延後結束，都強調要以足夠的「心力覆蓋率」去完成這項腦力任務。時間是一切事物的終極資源，只要擁有了無限時間，理論上我們可以完成任何事情。時間，在「意義思考」的構思階段與評估階段，都扮演著舉足輕重的角色。

相較於產生絕佳想法時的篤定感，更多的「意義思考」答案其實是伴隨著懷疑與忐忑不安。遇到這種情況時，如何才能篩選出一個好的「意義」呢？答案就是利用時間，給自己想法更多的觀察期。因為，所有好想法都有一個共同特質：就是禁得起時間考驗。

建議讀者面臨無法確認「意義」可行性的狀況時，先別急著下決策，每隔一段期間，就重新審視這些想法。時間可以讓提案者的腦袋清醒，而且能夠從更多不同的面向檢視想法的可行性，如果經得起時間的一再考驗，這個想法通常都具有一定的品質水準。在不斷重新審視的過程中，或許一個 Big Idea 也會從中出現。

第二種，由團體決策

不論產生想法數量或是進行決策，採取團體多數決的方式，通常都是最不建議的作法。「意義思考」屬於一種個人創作，它是一種想盡辦法、找出個人內心無法言喻感受的能力。當我們思考咖啡館所代表的「意義」是什麼時，較難以利用團體討論，或是腦力激盪的作法，得出「第三個場所」這個答案。

在想法產出方面，「意義思考」比較可能的作法，是一個人經由長時間的思維探索之後，所發現的個人洞見。也因為「意義思考」產生的答案通常落在多數人的認知領域之外，如果採取團體決策方式，可能因為眾人的認知程度不及構思者，而白白浪費了一個絕佳想法。

第三種，由領導者決策

許多時候，「意義思考」的方向性需要經由提案者的主管決定。當思考者與決策者不相同時，過程中就會存在著溝通說服、個人喜好、專業程度，以及主觀判斷等問題。「意義思考」因為帶著對於未來的洞察性，因此詮釋者的直覺經常是判斷的重要因素。

當「意義」的思考品質，是由位居組織金字塔的上位所決定時，提案者的說服力與目標對象的判斷能力即為重點。在職場溝通的現實中，除了比想法的優劣性，也要比位階大小。有時遇到主觀意識強烈的領導者，提案者選擇以自己的人身安全為優先考量，而將想法品質列為次之，也是合情合理之事。

不論現實環境如何，職場工作者都不能忽略自身對於「意義思考」的努力，因為這是讓自己變得更強大的秘訣。或許因為主管的思維高度不足，而選擇了一個普通想法，我們也不需要覺得氣餒。畢竟，「意義思考」是一種能夠「帶著走的能力」，只要有人的地方就存在著溝通，而有溝通的地方，就需要「意義思考」能力。規劃者學習從容地面對外境，掌握每次的提案機會，持續強化自己腦內「意義思考」的肌耐力，才是最重要的事情。

「意義思考」並不存在著唯一解答。本書各章節所列舉的範例解答，也只是僅供參考而非提供標準答案。而我也深信，如果你持續進行「耐力思考」，一定可以找出比範例更好的詮釋。重點是，你是否覺得為想法找出一個好的「意義性」，就是溝通者的價值所在？如果能帶著這樣的洞察上台，你是否能更有自信？而這種自信，來自於相信自己的想法，能夠對於別人有所助益，而不是自己的口語表達能力有多麼的棒。

有個關於管理學的小故事如下：一群美國汽車產業的高階主管組團至某家日本汽車廠參訪，看完整個生產線流程之後，其中一位美國主管提出了疑問：「在美國，車子安裝完後，都會請工人拿著橡膠槌子敲擊車門，已檢查確認車門與車體之間的密合度，為什麼你們漏了這個動作？日本車廠是在哪個步驟執行這道程序呢？」陪同參訪的日本主管聽完之後，笑笑地回答：「就在車子設計的時候。」

這個故事與「意義思考」強調的重點相同，「把事情做在源頭」。多想一下再下手，就能讓事情一次就做對。與其修修改改，不斷地進行想法軸轉（Pivot），還不如找個地方讓自己先安靜下來，花多一點時間思考想法，之後再神準下手。

本書至目前為止，談及的內容適用於任何事情的「前期規劃」作業。不論你想創業、開發新產品、撰寫企劃書、公司內外部提案，以及想要進行更有效率的職場溝通。

下一章內容將聚焦於簡報領域，討論如果表達者能夠在一開始就先把「意義思考」這件事情做好，就能為後續諸多的簡報流程，例如：投影片製作、上台前練習、上台後表達等，帶來許多意想不到的好處。

重點結論

在這個世界上，大多數的事物都沒有標準答案。本章內容學習如何在一個沒有標準答案的「意義思考」中，找出一個較好的答案。關於「意義思考」的解答，不是再是在「正確」或「錯誤」之間做出選擇，而是在「好」

與「不好」之間做出判斷。

本章內容提出三種「意義思考」品質的判斷法。一、在「理性層面」上，能夠避開眾所皆知、合乎邏輯，以及大於元素組合的就是好的「意義」。二、在「感性層面」上，當好的「意義」出現時，大腦會產生被雷電擊中的感覺，當事物的絕佳「意義」被發現時，想法會好到連自己都被嚇一跳。三、如果無法確認「意義」是否真的可行，就以較長的時間反覆進行檢視，因為時間能讓事物的真實價值展現出來。

沒有標準答案是一件好事

面對沒有標準答案的「意義思考」時，我們不需要感到困惑與氣餒。在提升這種能力的過程中，你將逐漸發現，或許沒有標準答案是一件好事。因為沒有標準答案，所以他人難以仿效。因此，當你擁有這種思考習慣時，每次提案都將深入核心並且與眾不同，「意義思考」這種千年不變的能力，將成為你恆久且通用的職場競爭力。

把打算未來有空才去做的事情，拉到現在就動手。找出生活周邊的事物或是手上正在進行的規劃案，從今天就開始進行「意義思考」。不論大小事，你就是自己的第一個觀眾。從今以後，在沒有找到能夠打動自己的「意義」之前，絕不輕啟後續規劃。不要想著有朝一日，或是等到下次專案，現在就開始動腦進行「意義思考」。

世上沒有自然發生的成功，好的「意義思考者」來自於今天的鍛練加上明天的堅持。請試著把「意義思考」當成一種生存技術，而不僅是一項思維能力，試著把「意義思考」融入每天的日常生活，並以更多的時間刻意培養它。「意義思考」的能力無法一蹴可幾，你不只需要耐心，更要做好經常思考的心理準備。

【練習一下】

假設，在某次研討會活動中，你受邀進行一場以「時間管理」為主題的分享會。對於這個主題，你能提出他人未曾聽說過的觀點嗎？在準備講題時，你是否打算讓觀眾聽到迥異於任何坊間常見的建議與說法？請試者從本書中學習到的規劃方式，針對時間管理進行「意義思考」。

如果你想成為真正的溝通高手，當開始著手準備一場以「時間管理」為主題的演講時，重點不在於翻閱相關書籍，或是開啟瀏覽器，蒐集一些諸如：GTD（Getting Things Done）、番茄鐘工作法、重要清單管理等時間管理的相關理論；或是解釋「Do The Right Thing」與「Do The Thing Right」之間的差異性。別人或多或少聽過這些內容，因此算不上有營養。「意義思考者」是帶有骨氣的，他們相信：「任何想法只要由我操刀，最後結果一定異於常人。」

什麼是準備想法最有效的方式？答案就是「腳踏實地」，一步步地走過每一個流程。一切想法、規劃的源頭就是「意義思考」。直接打開瀏覽器；這樣太危險！飛太遠！因為，再多的蒐集動作，最多只能豐富內容，而無法提供簡報者的附加價值。溝通必須大於資訊組合。所以，你應該先利用「意義思考」，找出這個世界上只專屬於你的聲音。這種過程比起蒐集整理、分類整理，可能會多花上許多力氣，但是對於他人的貢獻度，與自我思考力提升都會大有幫助。為了明天會更好，規劃者應該把這種無形效益列入整體考量之中。

回到主題，思考「時間管理」的「意義」是什麼？在進行本質性的探索過程中，或許在某個時間點，你會得到：「其實並沒有所謂的『時間管理』，所有的時間管理，最終都只是『個人管理』。」的觀點。當你發現這個「意義」後，再以「個人管理」作為想法主軸。之後，再緊抓著這個思考方向，進行後續內容的規劃與資料蒐集。

這樣，你提供給台下觀眾的內容，是不是更有價值性、獨特性與組織性。在這個世界上，你已經提出了只有你能賦予這件事的觀念。因此，你再也不必擔心別人是不是已經聽過類似的內容。當你完成了「意義思考」，你就完全展現出一個講者站在台上的價值性。關於這點，我們將在下一章的內容中，進行更深度的說明。

第7章

「意義思考」對簡報技巧的影響

簡報者花時間進行「意義思考」，
除了對於前期構思有所幫助，
對於接下來的上台表達、簡報製作、口語練習，
以及異議處理等流程，都能提供莫大助益。

確認是否做好簡報前的作業

一個人站在台上需要哪些技巧？如果仔細盤點，至少超過一百種。諸如：如何開場與結尾、如何面對觀眾不緊張、如何進行眼神接觸、怎麼穿著才能更顯專業、怎麼表達才有說服力、簡報製作與圖表資料設計，乃至麥克風怎麼拿、應該站在投影幕的左側還是右側等各式各樣相關的簡報技巧，真是族繁不及備載。

簡報技巧百百款，但是學習時間有限、生命長度有限。許多技巧的確具有實用性，能協助簡報者達成更卓越的溝通。但是，也有不少技巧來自於專家們的過度解讀，他們手拿著放大鏡，觀察簡報大師們在台上的一舉一動，把不重要的重點講得跟真的一樣。例如：簡報者應該站在投影幕的左側還是右側？其實，如果你真的講得夠精采絕倫，站在中間也無妨。（有興趣的讀者，可參閱TED講者：Hans

Rosling演說，用前所未有的方法詮釋數字統計）

如何才不會被無數的簡報技巧所誘惑？答案就在於掌握重點。有太多簡報方面的書籍，同時強調這些大大小小的簡報技巧，所以我只想談論一件事：「意義思考」。花俏的技法不必太多，真正的功夫，一拳就夠。如果你懂得利用「意義思考」產生的「一句話力量」，在任何溝通之中，你就是《一拳超人》的琦玉老師，One Punch Man！

做好「意義思考」，就解決了很多問題

「意義思考」除了是一切前期規劃的「第零個步驟」（Step 0），這種思考方式也跟簡報製作、上台練習、口語表達，乃至問題回答，都有著高度的關聯性。也可以說，「意義思考」不僅是所有規劃流程的起點，更是通往成功溝通之路的秘笈。「意義思考」對於簡報全流程的能力提升，都能提供十分明顯的效益。

思考事情的「意義」需要花費許多時間，但是因為沒想清楚，導致後續重新啟動所造成的時間浪費；以及把「意義思考」做好之後，很多簡報過程中的準備都能

連帶做好，在這些雙重效益的加總之下，選擇把時間花在源頭，仍然是一種精打細算的作法。

「意義思考」對於簡報技巧的全方位好處

「意義思考」對於簡報技巧有著全方位的好處，它的影響廣闊無邊、遍及一切。「意義思考」既是解決問題的最佳工具，也是最終呈現的結果。這種思考方式能在精煉想法的過程中，協助規劃者進行自我釐清，表達時也能夠幫助他人理解。「意義思考」能提供簡報技巧全方位的助益。

在準備簡報階段，當你開始思考「意義」這個問題時，會企圖將一切事情融合成一個主要概念，在這個收納整體想法的過程中，就代表你已經開始思考關於後續簡報的一切內容，因為「意義思考」就是一種全面性的思維能力。

本章內容的重點，不在於討論上台時，簡報者應該具備怎麼樣的表達技巧，而是探討「意義思考」與眾多簡報技巧之間的關聯性。目的是讓讀者體會到：「意義思考」不僅與簡報的規劃技巧有關，而且還遠遠大於簡報技巧。

當我們探討「意義思考」所帶來諸多好處的同時，也應該反向過來思考，如果缺少了「意義思考」這個主體，就可能會帶來全面性的災難。一條項鍊，如果少了中間那條串連線，你所損失的將不只是那條線，而是整串的珍珠。

想要快速提升簡報力嗎？你需要的不是多個局部改善技巧，或是大量的單點突破。現在，你有機會在全新的層次上，一次性的進行全方位能力提升。前面種樹，後面才能乘涼。多在源頭處下功夫，當簡報者願意把更多努力放在「意義思考」時，就能在之後的每個溝通環節中進行無限收割！

「意義思考」讓你扮演好簡報者的角色

思考一下，你為什麼會出現在台上？這個答案，並不是因為主管要求你上台報告，所以才出現在台上，而是去回答簡報者的「終極價值」是什麼。什麼才是書面資料或是其他人所無法取代的價值？

對於任何組織而言，團體進行開會一直是機會成本極高的活動，人們究竟是為了什麼，讓大家暫停手邊工作，並且花費了許多時間與金錢，將眾人聚集在同一個空間之中？很明顯的，人們聚在一起不是為了共同觀看投影機的大螢幕或是集體閱讀報告。

簡單來說，上台的目的就在於「為民服務」。表達者經由妥善的事前規劃，為事物賦予一個好的「意義」，並且創造出價值性。我們希望在一個溝通附加價值的

圖 7-1 溝通附加價值金字塔

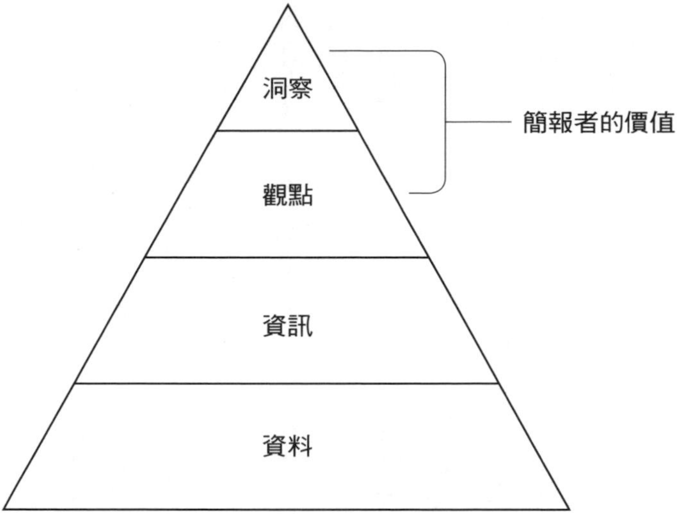

金字塔中，創造出「觀點」與「洞察」。如圖7-1所示：

你為什麼會出現在台上？

簡報者的價值是什麼？簡報不只是說明一件事情的來龍去脈，更不只是進行單純的資料整理，這些作業都只是表面處理。簡報者的價值來自於表述自己的思想體系與創造洞察，你要去尋找、去發現某個東西，再帶著一種啟示，告訴他人你的省思結果。這就是為什麼你會出現在台上的主要原因。

簡報，就是要說出一個想法該有的樣子

上台，不只是將自我展現在他人面前，這些只是你在別人眼中看起來的樣子。上台，不只是說話，這些只是話語在空氣中所產生的震動聲波。「內在價值」優於「外在表現」。上台的唯一重點，就是要展現出一個想法該有的樣子。如果無法做到這點，即使舞台再大，你依舊是個邊緣人。

每份簡報都應該要有自己的獨特觀點，只是太多的簡報者活似個幽靈，先淡淡的上台，再輕飄飄的結束，讓大家不確定你是否真的出現在台上過。雲淡風輕、缺乏洞察的口語內容，不僅浪費觀眾時間也無法創造出注意力。因為，耳熟能詳將導致聽而不覺！低度存在感的簡報內容，有說等於沒說。

人們的耳朵是真正的自動開關，太多的已知，會令台下觀眾關閉溝通管道。「意義思考者」會試圖在每次的簡報中，告訴一些他們所不知道的事情，而且最好告訴別人只有自己所發現的事情。

「意義思考」有助於簡報更容易被理解

不論你的簡報內容是難是易，屬於商業領域還是技術級別，別人能夠聽懂你的想法嗎？如果別人聽不懂，你覺得是對方的理解能力不好，還是自己的溝通出了問題？簡報力覺醒的那一刻，就是從錯怪別人解讀失敗，到覺得自己應該有能力可以講得更清楚。

在簡報的世界裡，沒有複雜的內容，只有整理不清楚的想法。一個擅長溝通的表達者，每次上台前，都應該想像在簡報標題前面加上「一次聽懂」四個字。所以，你的簡報標題其實並不是「二〇一九年A部門行銷策略提案」，而是「一次聽懂：二〇一九年A部門行銷策略提案」。

不要讓對方思議你的簡報內容，要達到讓人「不可思議」的溝通境界。如何讓人能夠一次聽懂，帶領觀眾穿越彼此大腦間的平行時空？關鍵在於簡報者必須清楚回答別人對於你想法裡的疑問。「意義思考」是增加觀眾理解力的基石，一點通一切通。「意義思考」在表達想法的過程中，扮演著「一句入魂」的功用，只要溝通者講完這句話，接下來所有的內容也都講到了。

為什麼別人聽不懂你的想法，主要有以下兩個原因：一、缺乏相關的背景脈絡知識，二、想法之間缺乏關聯性。任何溝通皆是以「意義」為中心點，背景說明的目的是為了導出「意義」，所有後續內容是依據「意義」進行展開。它在整個簡報過程中，就是代表著「承先啟後」。如何想讓別人聽懂你的想法。簡單來說，就在要將所有細節導入概念，完成一念之間！一個有效的溝通，你必須把所有的片斷都關聯起來！

在第二章的內容中，我建議讀者將一個有效率的溝通，視為「填滿」而非「推進」的過程，即是利用「意義思考」先給予觀眾背景脈絡。試著把「意義思考」想像成一個大籃子，先讓別人理解大致上的狀況後，再逐步裝入一些東西，而不是講到那裡，才讓他人理解到那裡。

想法缺乏關聯性的原因，主要來自於「拼湊羅列」與「標題展開」的建構過程，如果簡報者能夠利用「意義思考」，確立想法之間的整體、垂直、水平等三種邏輯性關係，就能徹底解決想法之間的斷念問題。如此一來，不論你在台上的時間多久，你的簡報內容都會從很多很多的句子，變成了一句很長的話。

「意義思考」強調簡報者要讓「理解」走在「說明」之前。最好在溝通一開始，就讓他人進入狀況。一個有效的溝通，來自於能讓整體概念在最短時間內原形畢露，而非採取多數人的作法，最後一刻才將謎底揭曉。「意義思考」符合「倒金字塔」式的溝通精神：重點先說、細節次之，而非「起承轉合」的溝通模式，在壓哨之前才說出結論。

「意義思考」有助於人際間的溝通

讓主管一目瞭然

覺得主管難以溝通嗎？是不是覺得他似乎無法掌握狀況，而且老是誤解重點？每次下台之後，是不是總跟其他同事抱怨：「為什麼其他人都聽懂了，就只有他聽不懂？」當然主管有可能罹患了早發性認知失調症，但是機率應該不大。站在「意義思考者」的角度，並不是主管們聽不懂，更可能是因為你把他們給搞混了。

許多時候，並不是主管聽不懂你的想法，而是你們在不同的層次上進行溝通。簡報者可能說明了無數細節，而主管卻不知道你想表達的重點在哪裡。在大多數的情況中，主管是採取「巨觀思維」看事情，他們通常著重於溝通的「意義層」，希望能聽到一些特殊觀點以輔助決策進行。而部屬通常採取「微觀視角」，他們著重於「資訊層」，重點在於說明數字、業績、執行進度等，以及自己過程中所付出的努力。

如果月亮代表我的心，那「意義」就代表我的想法。對主管簡報時，請試著以簡單的方式解釋複雜的現象。利用「意義思考」能力，確保自己能展現出資訊背後的「意義性」，而非說明無盡的枝節小事，才能確保自己與主管之間，皆能處在相同的同溫層中。

讓提案策略更清晰明瞭

簡報者除了內部溝通之外，對外也經常需要爭取業務、贏得標案。簡報力，就是企業的競爭力。一個能夠進行獨立「意義思考」的簡報者，雖然未必能夠百戰百勝，但是一定能大幅增加勝出機率。

因為，大多數的提案者與未閱讀過本書的讀者們一樣，在思考上都是怠惰的，他們不願意花時間進行「本質性思考」，而且根本不知道「意義思考」的重要性。

你所面臨的百分之九十五的競爭對手，最多只擅長於依照提案書的制式需求去填寫內容（停留在依「標題展開」的層次），而這只是任何溝通的最低限度要求。簡報，不是你填寫內容完畢後，就會自動產生說服力的。

無法附加任何元素才是完美

大部分的溝通者、你的競爭對手，活在「加法」而非「減法」的世界中，他們認為只要特色、重點講得夠多，就能多增加一些命中目標對象需求的機率。而他們至今，仍然無法理解《小王子》作者聖修伯里所說：「完整並不是完美，能夠做到無法再附加任何元素才是完美。」這句話所代表的真實意涵。

大多數的公司都自認自家產品才是真正的高富帥，其他競爭對手都是武太郎。所以，他們說明內容時，只管從自己的視角出發，對客戶進行填鴨式的簡報。換言之，人們最常使用的兩個提案策略就是：第一種、不斷地強調特點加上自我感覺良好。第二種、什麼都想講，企圖通殺一切。不過以上兩種溝通內容的總和，其實不是通殺，而是自殺！

如果只是不斷地強調自己公司或產品所擁有的眾多特點，當然也有機會說服他人。只是這種提案方式需要建立在兩個基礎之上。第一、目標對象擁有足夠的時間與耐性；或是對於你的產品擁有高度興趣。第二、你的產品與競爭對手之間，具有足夠的差異性，或是在品牌或技術上，擁有大幅度的領先優勢。

回到現實面，在競爭場合中，能夠擁有上述兩個夢幻條件的提案機會其實不太多。商業溝通不是慈善事業，在時限壓力與差異性不大的情形下表達想法，會是多數簡報者所面臨的共通情境。這時候，「意義思考」可以如何協助提案者勝出呢？

在溝通時限方面，「意義思考」採取「趨近」而非「建構」的溝通模式，所以能讓對方在最短時間內掌握住想法的大致輪廓，這種特性尤其適合對於時間高度敏感的決策者。而在展現出想法的差異性方面，如果開發人員具有「意義思考」能力，在構思想法階段，就能從想法底層進行徹底創新，而非只在功能性上進行局部強化。即使在開發階段無法進行差異化，表達者依然能夠利用「意義思考」，向內挖掘出產品的真實內涵。

「意義思考」有助口語溝通和外在表達

在職場溝通場合中，你曾經看過這種類型的簡報者嗎？他們的口才流暢、不需換氣，在台上講得頭頭是道，而台下觀眾卻完全聽不懂他們想表達的重點是什麼。如果仔細分析這類簡報者的口語內容，他們只是在一堆缺乏連貫性的內容之間進行快速秒跳。簡報技巧不是以流暢口語去表達斷裂想法。

溝通主要就是在處理「見樹」與「見林」的問題；一種能夠同時讓他人掌握大方向與小細節的智慧。在「見樹」與「見林」的問題中，通常「見樹」的問題較小，而「見林」才是主要的問題所在。對於大多數的簡報者而言，永遠不缺的是資料細節與顆粒微塵，主要缺乏的是「主軸」與「中心思想」。

見樹不見林，這就是我在企業教授無數場「邏輯性簡報建構」課程中，看到學員簡報時，最常發生的問題。更精確地說，這種簡報應該算不上是簡報，對於觀眾們而言，這種簡報應該算是業障與怨念的總動員。

十餘年來，我擔任簡報企管講師工作，所執行過的企業內訓超過二千場次。其中，大多數的課程重點放在引導學員如何進行更有效率的前期構思，如何才能發展出更有效的提案策略，以及如何進行「意義思考」；只將少數重點放在口語溝通與外在表達。

重思考而非表達的軸心

為什麼我總是將簡報課程重點放在「思考」而非「表達」？因為長期以來，我對於簡報技巧所堅持的信念，一直都是「再流暢的口語，永遠比不上腦袋裡的智慧」。簡報靠的不是高顏值，而是高價值。簡報，不是嘴巴與肢體的活動，而是大腦的運作。上台，並不是許多溝通專家們強調的說話力式，更不是展現自我；讓自己在意起在別人眼中看起來的樣子。簡報其實很單純，就是要告訴別人一些重要的事情。

有太多的簡報教學技巧都強調如何提升你在別人眼中的表現。如果你的目標志在成為一名專業演說者，琢磨這些技巧可以幫助你登峰造極，達到另外一種層次。而我卻選擇相信，在掌握簡報者價值的優先順序中，只要你的想法構思達到八十分，即使表達技巧零分，你依然是一個稱職的簡報者。

簡報者請暫時先放下上台時的身段問題，讓簡報者的價值優先。有效表達是留給有心、有思想準備的人！不然，即使你的外在表現再出眾，也刷不出上台時候的存在感。

我相信食物遠比色香味更重要的就是營養，畢竟人們是為了吃東西，才去加調味料，而不是為了吃調味料，才去吃東西。站在講台的目的，不是為了證明自己有多麼的強大，而是讓自己發心，幫助他人能夠更清楚地認清這個世界。

所以，嚴格來說，投影片製作與口語表達都算不上是真正的簡報技巧，而是能讓簡報力變得更好的技巧。其實，只有正確的構思能力，才算得上是真正的簡報技巧。一個成功的簡報者知道他所提供的真知灼見，永遠大於口齒伶俐。重點不是讓自己在台上顯得光芒萬丈，而是能夠說出經過大腦精心思考過後的話語。

思考，比起口語表達與外在表現更加地有力量。一流簡報者打從心裡篤信左頁

公式❶ 思考＞技術＞技巧

公式❷ 思考＋思考＞思考＋技術＞思考＋技巧

兩個公式：

「意義思考」強調前期思考主宰一切命運，強大思維勝過一切外在表現。因為，成功簡報唯一可能發生的地方，就是在個人的大腦裡，而不在投影片或是口語表達之中。幕後決定台前、黑暗決定光明；思考＋思考，恆大於思考＋外在表現！

簡報者的外在表現其實真的沒有那麼重要。但是，你看過同事講電話時，會自然流露出肢體動作與聲音表情嗎？站在「意義思考」的觀點，很多技巧不必刻意去練。奇怪的是，當你全然知道自己在講些什麼的時候，很多外在的表達技巧不需刻意練習，便能自然地真情流露。

「意義思考」有助於簡報者自信的養成

簡報力對於職場工作者而言，並不僅是口語表達能力，也關係著內心自信與自我形象。許多人為什麼不喜歡上台，因為這是人類少數活動中，會讓大眾同時公開評價自己的機會，而許多的評價將深深地牽動著你的內心深處：自信。

回想看看，上次聆聽簡報時，你的內心如何評價其他簡報者？答案經常是：「這個人腦袋不清楚」、「他知道自己再講什麼嗎」、「根本抓不到重點」、「講話沒有邏輯」……，上述每一種評價都不僅是意見回饋，更關係到他們的人格層面。因此，簡報能力不好的人，通常不太容易有自信；而隨著提升簡報力的過程中，自信心也經常伴隨而增。

增加自信心的重要元素

表達力一直是構成自信心的重要組成元素。自信可分為「專業自信」與「表達自信」，兩者之間無法互相取代。即使你非常專業，上台時的表達卻零零落落、毫無章法，而這部分的自信缺失，永遠無法以再強大的技術知識來彌補。對於有難言之隱的專業人士而言，這部分的自信心缺口將始終都在。

專業人士們如何才能有效建立起自己的表達自信？小至上台時不緊張、大到從容應付整個簡報流程？上台如何舒緩緊張情緒，靠得並不是自我內心對話或是把台下觀眾想像成大西瓜（甚至有些溝通專家建議你，把台下觀眾想像成沒穿衣服），這些說法就讓它們成為一種鄉野傳說吧！如何才能讓自己站在台上時，心臟變得更大顆？

首先，我們必須理解，真正的自信不是來自於上台時，能夠沉著穩健地面對觀眾侃侃而談。一切都要向內發現，真正的自信來自於「能預期所無法預期事物的結果」。也就是說，不論任何主題，小到讀書心得報告分享，大到公司年度策略提案。在開始準備動作之前，雖然一點想法都沒有，但是你相信只要是交到自己手上的簡報任務，觀眾反應就不可能太差，即使無法場場擊出全壘打，至少也能安全上壘，這就是真實自信。真正上台的自信，來自於簡報者在規劃前，就能預期觀眾反應的平均值。

如何從「意義思考」的角度，提升簡報者的表達自信呢？只要相信自己能夠言之有物，就能帶來真實信心。請試著把簡報力想像成一種由內而外的能力提升過程，當你掌握到「意義思考」的重要性，並且能夠創造出獨特的觀點時，你的口語表情、肢體動作，也將因為這股自信而自行顯露。畢竟，簡報力自始至終都是腦袋的操作，而嘴巴只是輔助我們表達出腦內思考活動的傳達工具。

關於口語表達，你可以學到很多手勢動作、肢體語言、聲音表情等相關技巧。但是，你要如何學習到，讓自己站在台上時，眼神能夠炯炯發亮呢？自信不是由外附加的，自信是一種內在動力。當你掌握「意義」、發現秘密，以及明明白白地知道自己在講些什麼的時候，眼神就會從那個最深之處閃耀出光芒。

我建議讀者從想法最底層的「意義思考」處提升簡報力。以最具有洞察力的觀點，讓台下觀眾忘記身處的時間及空間，甚至忘了想上廁所的生理需求。以最具有突破性的想法，讓台下觀眾忘了注意你的外在表現。至於那些口語表達中偶爾會出現的一些小Bug，能改的就改，不能改的，就成為你的個人特色！

「意義思考」有助於回覆他人的提問與異議

簡報者說明完內容之後，接下來的問答時間可能面臨兩種狀況：第一種，可預期性的問題，第二種不可預期性的問題。如何利用「意義思考」能力，讓簡報者順利完成溝通任務中的最後一哩？

回答問題最重要的技巧，不是快問快答的回話術，而是事先想過。在第一種情形中，如果台下聽眾所提出的問題，落在自己的知識範圍之內；或是簡報者上台前，積極模擬各種情境或是本身擅長於考前猜題，那麼回答問題時就能達到瞬間反應，給出一個令人信服的答案。

但是，如果簡報者遇到第二種預期之外的問題呢？大多數簡報專家給你的建議是：「先不要急著回答」、「先跟對方再釐清楚一次問題，順便為自己爭取更多的反應時間」、「對於不知道的問題不要硬掰，先請對方留下聯絡方式，事後再提供補充說明」。只是，遇到這些無法立即反應的問題時，上述解決方式並非最佳作法。簡報進行異議處理時，請以直球對決優先，謝謝再聯絡放在次之。

簡報者如何才能避免面臨質詢時，顯得不堪一擊呢？答案就是利用「意義思考」能力，建立起全方位的問答防護網。它能讓你對於事情的理解，從知道很多的單點到全面性融通。這種思考方式可以從以下三種面向，改善簡報者的異議處理能力。

改善回覆問題的三種方法

第一種：不論遇到自己知不知道的問題，以單點方式準備考前猜題，都會面臨一定程度的風險。最佳的處理方式，就是讓自己的想法形成一個完整的知識體系。也就是說，在你的腦內擁有一個回答問題的全面性網絡，而非只是眾多且零散的片斷知識。這樣一來，不論問題是從哪個面向切入，都能提高自己的回覆率與深度性。

初階簡報者，習慣採取單點準備的方式預測問題。中階簡報者，能以面向方式回答部分問題。而「意義思考」對於問題理解並不是單點或是面向，而是一個完整的知識體系。因為規劃者在尋找「意義」的初期階段中，已經把所有的細節仔細盤點過一遍。因此，「意義思考」在異議處理中所提供的解決方式，並不是一種平面圓形的理解，而是一種立體球形的三百六十度全方位理解。

第二種：異議處理最麻煩的地方，在於一個問題可能會衍生出很多問題。此時，如果讓溝通聚焦在單一小細節上，你的溝通很有可能會變成沒完沒了。一種不究竟的回答方式會產生反作用力。因此，遇到這種狀況時，並不是針對單一提問進行問題回覆，而是需要明確地指出想法的「意義性」。提供居高臨下的觀點，是一次性解決後續紛爭的最有效作法。

第三種：有些狀況外的提問者，會詢問與主題之間不相關的問題。此時，如果太認真你就輸了。「意義思考」就是在事前先劃分溝通界限，如果問題超出了範圍之外，簡報者其實不需要多做解釋，只要提醒提問者本次想法的「意義」何在，就能以拉回軸線的方式處理無效異議，同時也能讓自己與目標對象維持在正確的軌道上進行後續溝通。

「意義思考」有助提升說故事的能力

很多人一提到簡報技巧，就習慣與說故事之間劃上等號。在許多人的觀念中，好的簡報者擅長於說故事，這是成功簡報者的必備條件。只是，大家口中所謂的「故事」，指的倒底是什麼？如果從「意義思考」的角度，如何去解釋說服力簡報中，這個經常出現的概念？

在許多人的觀念中，說故事就是：開場時設定謎題，中間過程鋪陳想法，最後下台前再揭曉答案。也有些人認為，「故事」就是在簡報過程中，多穿插一點笑話、案例、譬喻，或是自己所遇見獨特的人事物……等。這些內容，可以當成簡報過程中的些許點綴，去延伸別人對於聆聽你想法時的耐性。但是，這些就是所謂的「故事」嗎？

近年來，因為ＴＥＤ論壇爆紅，這些講者的論述方法，也成為提升簡報技巧的顯學。因此，許多溝通專家們，開始針對引起熱烈回響的簡報者們，所使用的技巧進行解析，諸如：運用實體道具、呼籲世人一起加入改變世界的行列、與現場觀眾進行互動、說明一些個人小故事、人生的轉捩點……這些建議，在大眾演說的場合中適用，但是，真的能夠運用在你日常的職場報告中嗎？

TED最重要的簡報技巧

任何一種顯學或是潮流，可能都是容易讓人產生分心元素的陷阱。人們經常為了追求光鮮亮麗的事物，而忽略了原始所設定的目的。當這些簡報大師們，急於拆解優秀ＴＥＤ講者的演說技巧時，卻沒有人探討在演說影片開始前，傳遞這個機構成立宗旨的十秒鐘片頭：「散播值得分享的好點子」（Ideas Worth Spreading.）。

相較於「意義思考」的全面性，你所聽過的無數簡報觀念、法則、技巧等，在它的面前都只能算是渺小，甚至可以完全忽略不計。如果簡報者想從ＴＥＤ中學習表達技巧，什麼才是大家最應該的學習之處？答案就是這個機構所追求的宗旨精神，這才是一切簡報的源頭。這個觀點，也呼應了本章內容一開始時，強調簡報者上台的目的是什麼。一切聚焦源頭，先要有「值得分享的好點子」，才有後續的簡報技巧。

簡報技巧中的「說故事能力」是什麼？如果從「意義思考」的觀點來看，就是找出「值得分享的好點子」（也就是想法的「意義性」），而「說故事能力」，也就在這個中心思想下，所展現出來的敘述邏輯與思考體系。至於其他溝通專家們，所提及的多樣化簡報技巧，則是在這個主要基礎之下，讓整個溝通變得更趨於完善的優化作法。

簡報者在「意義思考」之下，說的是故事。簡報者在缺乏「意義思考」之下，說的其實是鬼故事！

「意義思考」有助上台前的簡報練習

許多溝通大師們，給予簡報者的口語表達建議，不外乎是：練習、練習、再練習，這些態度面的強化技巧，的確可以改善口語流暢性。練習對於口語表達真的很重要。但是，千萬不要傻傻地去做。因為，即使你的精神層面再強大，有著《火影忍者》洛克李般的意志力，也不能彌補內容缺乏「價值性」的落差。

如果簡報者只是一味地勤奮練習，而忽略了「意義思考」的重要性，是無法成為第一流的簡報者。畢竟，把一道口味不佳的菜餚，花時間去熟練它的烹飪技巧是沒有任何意義的。因此，我不會跟你說，你要去練習的很辛苦，或是在每個練習步驟中，要去注意哪些大小重點。我只想告訴你一件事情：只要用心去發現一些東西之後，練習就可以變得更輕鬆容易，同時也能讓自己上台時，心中有個地圖與指北針。

重點、數字、內容等這些都可以經由練習而熟悉。但是，再多的練習，也無法產生內容之間的連結感。簡報者掌握了想法的「意義」之後，練習時就不需要花費大量時間去死記硬背，而上台時，口語表達也不容易坑坑巴巴。這就是「死練」與「活練」之間的差別。

簡報者要以「完全融通」去取代「死記硬背」。「意義思考」能讓你的口語成為一種自然流動狀態。它能讓你站在台上時，嘴巴知道自己在講些什麼，而且腦袋同時知道講到哪個位置。「意義思考」是上台時，管好自己嘴巴的最佳工具。

簡報表達力，是一種不需要依賴任何投影片，就能夠進行內容裸說的能力。以「意義思考」去記住大綱與一切內容，再搭配上台前的分段複習，就能讓所有的句子成為一個整體。流暢的口語不是去練習嘴巴的直覺反射，而是要以凝聚去取代記憶。這樣上台時，才能真正擁有腦內想法的現場重建能力。

「意義思考」有助於呈現簡報的完整性

在你過往準備簡報的經驗中，花在前期構思與投影片製作的時間分配比例如何？還是將兩種作業採取平行處理；一邊構思內容、一邊製作投影片？對於許多表達者而言，簡報就是在PowerPoint中裝進一些份量還不錯的資訊，再來回調整個幾次，最後插入頁碼，整份簡報就算大功告成了。

簡報者必須留意的是，即使你的內容都是零碎片斷，簡報軟體還是能給你一個完整事物的假相。我們必須認清一個事實：並不是在PowerPoint中裝滿了各式各樣的資訊，就代表我們經過了縝密思考。

除了讓規劃歸規劃、製作歸製作，簡報者也別讓自己淪為專業美工，成為資料數據的美化者。再精緻的包裝，也解決不了內容缺乏組織性的亂象。如果簡報者企圖以化妝術的方式去掩蓋貧瘠的想法，最終，你的投影片所展現出來的漂亮，也只是一種令人感覺到討厭的漂亮。

技術是用來服務想法，而不是讓技術本身成為主角。如果只是追求一堆姿色漂亮的影像，最後就會淪為以「法式餐盤去裝泡麵」的窘境。簡報技巧如同料理，只要食材本身夠好，就只需要加入最少量的調味料。

不論漂亮的投影片，或是流暢的口語，這些都不是我們所追求的重點。把時間花在正確的方向上，讓一切重點回歸到簡報者的上台目的「提供他人整理過後的資訊，並且創造出附加價值」。

「意義思考」與簡報製作的關係，主要在於規劃與製作之間的時間分配比例。但是，在眾多投影片之中，有一張內容與「意義思考」直接相關，它是「意義思考」的視覺化呈現，也可稱之為「關鍵投影片」（Killer Slide）。這張投影片，也就是第五章內容中，說明「意義思考」九大思維公式時，所提及的代表性視覺圖形。

「一頁式簡報」精神的嚴重誤解

近年來，有許多科技公司流行「一頁式簡報法」，目的是希望以一張投影片的空間作為限制條件，藉以讓簡報者釐清真正關鍵的少數重點在哪裡，以增加彼此間的溝通效率。雖然「一頁式簡報」的立意良好，但是多數人卻嚴重誤解了其中奧義。

多數簡報者以錯誤的方式製作「一頁式簡報」。他們以縮小投影片尺寸方式，把原本需要用到五至七張簡報，才能夠說明清楚的內容，硬是擠進一張投影片的空間之中。採取這種作法，對於節能、減碳、愛地球，其實沒有多大幫助。這種製作思維，只是讓別人用更看不清楚內容的方式來陳述想法，這種簡報呈現讓人不忍直視。

仔細思考，其實採取一張投影片置入多張縮圖的作法，與原來使用多張投影片的方式，兩者所花費的溝通時間是一樣的。只是前者更看不清楚而已。重點是，一張投影片需要多少錢？如果這就是所謂的「一頁式簡報」精神，還不如直接限制使用投影片總頁數，或是採取嚴格控管簡報時間的作法。這樣，至少對於擁有決策權以及老花眼的高階主管們還算友善一點。

抓出關鍵投影片

真正的「一頁式簡報」精神，不是把多張投影片擠進一個狹小空間，而是以一張最重要的投影片，去代表大多數的想法。這張最重要的投影片，也可稱之為「關鍵投影片」。最重要的就應該最明顯，這張投影片的主要功能，就是把簡報者從腦海中挖掘出來的「意義」，轉換為肉眼可見的形式。

因此，「一頁式簡報法」所要發揮的功能並不是節省空間，而是要發揮「以小見大」的精神，給予最重要概念一個清楚的位置。「關鍵投影片」是什麼？它是整份簡報內容中，絕對不能被跳過的一張投影片。

「意義思考」建議簡報者從兩種角度使用「一頁式簡報」。第一種：掌握重點方式，整份簡報只使用一張「關鍵投影片」說明即可，其餘投影片一概刪除。第二種：縮圖模式，如果簡報者真的覺得內容太少，希望增加一些內容，則可以在正中央處置入「關鍵投影片」，再依此「意義」發展出第二階內容，而不是採取彼此之間，獨立存在的呈現方式。

「意義思考」有助於資訊的二手傳播

不是所有的簡報說服過程都能在下台前完成。在許多簡報場合中，溝通的時間點與決策點之間會存在著落差。面臨這種情形，除了讓聆聽者現場聽懂之外，也要讓想法能夠進入他們的長期記憶，才能確保想法具有明天過後的還原能力。

聽懂，也要能被打包帶走

許多關於溝通的研究顯示，簡報者下台後，能夠被正確回憶出來的內容不到把百分之二十。也就是說，觀眾其實記不太住你曾說過的話語。他們經常在你下台之後，轉身就把內容忘得一乾二淨。或許他們有鯨魚腦的問題，但是反求諸己，表達者該怎麼做，才能讓自己的簡報內容，具有被完整打包帶走的能力？

為什麼簡報想法必須具備進入他人長期記憶的能力？除了面臨重大決策時，目標對象需要更多的考量時間之外，在許多溝通場合，簡報者所面臨的溝通對象可能只是暫時性的窗口；而非擁有最後決定權的高階主管。當他聽完你的說明後，所得到的反應經常是：你的提案很棒、想導入，但是還需要經過內部討論，以及說服上司同意的溝通程序。

在許多提案場合，你需要他人替你執行代位溝通。在這種情形下，對方才是真正的提案人。此時，即使你的口才再好、提案內容再精采，但是如果想法不具有被完整轉述的能力，你依然無法達成說服目的。在間接式的說服過程中，利用「意義思考」的「異地備存」能力，可以讓他人成為你提案時的好幫手。

「意義思考」是一種讓他人在短時間內，能夠掌握整體想法的能力。它利用找出所有內容「最大公約數」的作法，幫助簡報產生一個集體記憶，這樣才能在你離開後，想法依然完整的保留在原地、如如不動。要請他人協助溝通之前，也請先協助他們做好溝通。

簡報者學習「意義思考」的眾多好處之一，就是讓你的簡報內容具有「無損還原」的能力。如果你能找出一個好的「意義」，並串連起所有重點，那下台的那一刻起，未必就是想法傳遞的終點。你的簡報可以擁有自己的生命力，在後續的其他場合中，持續地將想法散播出去。

重點結論

本章內容有兩個重點：重點一、說明「意義思考」與簡報活動之間，全方位的關聯性，說明如何利用這種思維模式，讓簡報者登上表達能力的新巔峰。重點二、藉此內容說明，進行第一章至第六章的重點複習。

一顆種子，能夠擁有多大力量？答案是無限大。當我們追根溯源，進行「意義思考」時，就是思考如何去整理一切內容，並將之形成為一顆種子。如此，在這顆種子之中，即潛藏了發展後續一切事物的可能性。簡報者花時間進行「意義思考」，除了對於前期構思有所幫助，對於接下來的上台表達、簡報製作、口語練習，以及異議處理等流程，都能提供莫大助益。

麥克風怎麼拿？簡報者應該站在投影幕的左側還是右側？太多的簡報技巧，相較於「意義思考」，都只能算是小把戲，甚至可以直接無視。也有太多的簡報技巧，只是追求自己在別人眼中看起來的樣子，這些增加自我迷戀的作法，也不是本書所要強調的重點。畢竟，我們討論的是講台上的問題，而非伸展台！

簡報力的成長關鍵，在於你從在乎別人眼中看起來的樣子，到省思能夠提供別人什麼價值。簡報者的能力差別，並不是台上的明顯技巧，而是台下的隱形心法。所以「意義思考者」相信：只要一個人台下厲害，台上就厲害，簡報的勝敗，其實在上台之前就已經決定。

所以，「意義思考」與簡報技巧的關聯性是什麼？就是當你的思考品質改變了，你的口語品質就會跟著改變，當你的口語品質改變了，你的肢體動作就會隨之而來。最後，在你的眼神中，就會自然流露著自信。簡報者們，你可以利用無數方法，來增進自己的外在表達技巧。但是，你要如何才能學習到，上台時，眼神閃耀著那份自信的光芒呢？

在職場工作中，我們依靠雙手完成事情，但是卻必須依靠嘴巴來呈現。你的工作成果並不是你的工作成果。唯有當你站在台上，將工作成果清楚地表達出來，你才算是真正完成了工作。

本書不以極大化的簡報技巧作為切入點，讀者可以從市面上，眾多溝通類的書籍中，挑選一本進行延伸學習。而我選擇本書的下手方向，是找出前期規劃中最重要的「一件事」，並讓讀者們理解「意義思考」這件事的重要性，遠遠超過「一句話」的能力。這種觀點，是本書與坊間眾多闡述上台技巧的書籍之間，最主要的差異性。

中國人常說：「一命、二運、三風水、四積陰德、五讀書」。上述這些作法有些關於宿命，有些關於努力。而我至今所找到能夠改變命運的方式，就是培養自我的「意義思考」能力。

因為，我深信：「如果能從想法的源頭處進行改變，接下來的一切，都會開始變得有所不同；而這種具有深度性的與眾不同，能帶給您更美好的未來」。

後記

古人學問無遺力，少壯工夫老始成
紙上得來終覺淺，絕知此事要躬行

——《冬夜讀書示子聿》宋代．陸游

感謝各位朋友耐心看完本書。很開心能在廣大浩瀚的宇宙中，與您在平行時空中，心靈共同交集了幾個小時，這代表我們上輩子有緣，或是下輩子即將有緣。

看完本書，如果你想明天就來個華麗轉身，立馬成為賈伯斯；或是成為一位擁有絕世利器的「意義思考」高手。那麼，請記得將本書拿去資源回收，並做好資源分類。這樣，或許還能為節能、減碳、愛地球，克盡一己之力。

「盲目者易進、盲目者易出」。不論任何學習，真正的有心人向來只是少數，更多人只是路過或是湊湊熱鬧。別讓自己當個旁觀者，因為卓越成長永遠只保留給願意嘗試的人。從古至今，只做例行性事務的人不可能進步，因為它們就只是不斷重複，而重複只是熟練而非成長。

成長，代表著行動，代表著你需要離開目前的舒適圈。因為成長，就是從不舒適開始！

任何事情，做到才算是真的知道。不要從文字上去學習「意義思考」，而是從體會與行動中去培養這種能力！請大步跨越從「知道」到「行道」之間的鴻溝。關於「意義思考」的本質與技術，期盼各位讀者從書中理解的不僅是知識，而是經由反覆行動、體驗與練習，逐漸讓這種思維成為大腦思考中的一部分。

衷心期盼各位讀者能在多年之後忘記本書內容。這種遺忘不是無法回憶，而是已經內化為你構思任何想法的標準程序。努力讓自己忘記「意義思考」吧！終極目標是融入自己的思考體系，最後達到不假作意的思維境界。

如同閱讀一本遊記，作者所能分享的，僅是自己旅途中，所見所聞的風景與歷程，卻無法代替你上路。畢竟，去想去做、去做去想，才是你能夠一窺「意義思考」真諦的唯一方法。而我也相信，能邁開步伐、踏上這段旅途的行者，自己所發現的奧秘與樂趣，一定遠勝於閱讀書本。

《海賊王》哥爾．羅傑曾說：「想要我的財寶嗎？想要的話可以全部給你，去找吧！我把所有的財寶都放在那裡了。」在「意義思考」大海的某處裡，也有著這種無盡藏，等待你來發掘！它就是能將所有細節變成One Piece的「意義思考」思考能力。

我相信，明天太陽升起時，你的「意義思考」能力將依然不變，但是也會開始變得有些不同。如果你希望在多年之後，擁有賈伯斯般的「意義思考」能力，甚至把它當成一輩子的追尋，那就請將這本書置於明顯之處，並且不定時地瀏覽複習。

閱讀是一時的，「意義思考」是一輩子的。如果運用本書觀念能幫助你在短期之內獲致成功，先跟你說聲恭喜。如果效果不如預期，甚至導致失敗，也別急著氣餒。因為鍛練「意義思考」能力的重點不是成功，而是失敗了能否繼續。你要有戰士般捲土重來的堅持，以及屢敗屢戰的勇氣。

過程中，不論你走得或快或慢都無所謂。最重要的是朝向正確方向繼續走下去。想練就「意義思考」能力，持續力將是你學習歷程中的最大阻礙。

最後，如果您在百忙之中，還能抽出一段寶貴時光，歡迎您邀約演講或是參加

「意義思考」或是「邏輯性簡報建構」實務演練工作坊，相信能讓您對於這種思考模式，擁有更深入的直擊體會。

謹以此書獻給林蘭珍女士、珊妮、芮恩，並特別感謝意義思考啟蒙導師：創意總監Roger.《黃帝內經．至真要大論》提到：知其要者，一言而終，不知其要，流散無窮。

期待我們台上，台下見！

國家圖書館出版品預行編目（CIP）資料

意義思考的力量／韓明文著. 臺北市：商周出版：家庭傳媒城邦分公司發行, 民108.11
面；　公分
ISBN 978-986-477-758-7（平裝）

1. 創造性思考　2. 溝通

176.4　　108018268

新商業周刊叢書 BW0726

意義思考的力量

作　　　者／韓明文
責 任 編 輯／張曉蕊
特 約 編 輯／陳怡君
校　　　對／楊美珠
版　　　權／黃淑敏、翁靜如
行 銷 業 務／莊英傑、周佑潔、王瑜

總　編　輯／陳美靜
總　經　理／彭之琬
事業群總經理／黃淑貞
發　行　人／何飛鵬
法 律 顧 問／台英國際商務法律事務所
出　　　版／商周出版
台北市中山區民生東路二段141號9樓
電話：（02）2500-7008　傳真：（02）2500-7759
E-mail：bwp.service@cite.com.tw
發　　　行／英屬蓋曼群島商家庭傳媒股份有限公司　城邦分公司
台北市104中山區民生東路二段141號2樓
電話：（02）2500-0888　傳真：（02）2500-1938
讀者服務專線：0800-020-299　24小時傳真服務：（02）2517-0999
讀者服務信箱：service@readingclub.com.tw
劃撥帳號：19833503
戶名：英屬蓋曼群島商家庭傳媒股份有限公司　城邦分公司
香 港 發 行 所／城邦（香港）出版集團有限公司
香港灣仔駱克道193號東超商業中心1樓
電話：（852）2508-6231　傳真：（852）2578-9337
E-mail：hkcite@biznetvigator.com
馬 新 發 行 所／城邦(馬新)出版集團
【Cite(M)Sdn.Bhd. (458372U)】
11, Jalan 30D/146, Desa Tasik, Sungai Besi,
57000 Kuala Lumpur, Malaysia
電話：（603）9056-3833　傳真：（603）9056-2833

封面、內文設計排版／黃淑華
印　　　刷／鴻霖印刷傳媒股份有限公司
總　經　銷／聯合發行股份有限公司
電話：（02）2917-8022　傳真：（02）2915-6275

■ 2019年（民108）11月初版
ISBN 978-986-477-758-7

Printed in Taiwan
城邦讀書花園
www.cite.com.tw

定價350元